완벽한 강의의 법칙

완벽한 강의의 법칙

김인희 지음

한국경제신문*i*

추천사

바야흐로 대한민국은 1인 강사, 강연의 시대가 되었다. 그러나 강의를 어떻게 해야 하는지, 강연의 핵심은 무엇인지, 강연 준비를 어떻게 해야 하는지 등 강연 전반에 대해 잘 아는 사람은 드물다. 모든 전쟁에서 승리하기 위해선 확실한 준비가 필수다. 이 책은 강연가로 살아갈 사람들에게 '강연을 잘 할 수 있는 강연 전반의 고급 노하우'를 모두 담고 있다. 저자는 이 책을 집필하기 위해 방대한 자료들을 검토한 것은 물론, 10년 이상의 강의 경험을 지닌 강사로서의 통찰을 담아냈다. 1인 강사에게 든든한 나침반이 될 것이다.

이상민책쓰기연구소(도산학교) 대표 이상민

강사들은 자신만의 강의 노하우를 쉽게 내놓으려 하지 않는다. 그런데 저자는 독자들을 진정으로 위하며 베테랑 강사들도 잘 알지 못할 법한 진귀한 강의 노하우를 아낌없이 가득 담아냈다. 실제 강의할 때 도움이 되는 내용으로 강의 경험이 전혀 없어도 충분히 강의할 수 있도록 안내하는 강의 네비게이션과 같은 책이다. 무엇보다도 재미있게 읽혀 이해가 쉬워서 초보 강사의 강의 길잡이로 충분하다. 이 세상 모든 강연가, 강사들이 반드시 꼭 읽어야 할 '강의 교과서' 같은 책이다. 장담컨대 《완벽한 강의의 법칙》은 대한민국 최고의 유일무이한 강의서가 될 것이다.

보스톤경영컨설팅 대표이사 여운봉

저자는 훌륭한 강의란 단순히 정보를 정확히 전달해주는 것 이상의 차원에서 이뤄져야 함을 가르쳐주고 있다. 지식의 우월한 위치가 아닌 청중의 입장에서 청중이 필요로 하는, 그들을 위한 강의가 결국 마음을 움직여 더욱 강력한 정보 전달과 행동 변화로 이어진다고 알려준다. 이 책은 하루아침에 얻을 수 없는 노하우를 당장 내일 있을 강의에도 접목할 수 있도록 쉽고 체계적으로 공개했다. 또한 저자의 오랜 연구와 시행착오를 바탕으로 수많은 명강의와 실패한 강의들의 사례를 객관적으로 분석하고 해석해 신뢰성 있는 지침을 준다. 대중가수로서 강의를 준비하고 있는 교수로서, 이 책이 초보 강의자뿐만 아니라 경험이 많은 강사들에게도 한 걸음 더 나아갈 수 있는 자신감을 줄 것이라 확신한다. 《완벽한 강의의 법칙》은 냉철하고 객관적이지만 따뜻한 조언을 해주는 고마운 선생님이 될 것이다.

가수 디셈버 DK

《완벽한 강의의 법칙》은 강사를 꿈꾸고 희망하는 이들에게 강의의 모든 것을 안내해주며 1:1 코칭을 받은 듯 강의할 수 있도록 돕는 책이다. 책에 담긴 내용 중 강의에 대한 두려움과 무대 공포증을 이기는 방법들은 강의뿐 아니라 사람들 앞에 서는 직업을 가졌다면 실질적인 도움을 받을 수 있는 내용이다. '두려움은 무지에서 샘솟는다'며 많이 배우고 갖출수록 떨림이 아닌 설렘으로 강의를 준비할 수 있다는 저자의 이야기에 가수인 나도 크게 공감했다. 누구나 쉽게 이해하고 바로 적용할 수 있도록 다양한 강의 기술이 담겨 있어 강의를 시작하려는 이가 있다면 당장 이 책부터 읽어보기를 권한다.

가수 디셈버 윤혁

나는 《완벽한 강의의 법칙》을 통해 강의 핵심 키워드 3가지를 배웠다. 첫째, 강사는 강의로 청중을 돕는다는 마인드를 가져야 한다. 둘째, 교육 의뢰자의 목적이 무엇인지 파악해 강의 주제를 세운다. 셋째, 교육 대상자의 관심이나 이슈, 공감을 얻을 10분 폭탄을 설치한다. 다른 책에서 배울 수 없었던 이 세 가지를 3개월간 적용해본 결과, 교육 의뢰자·교육 대상자·강사 자신을 만족시키는 강연으로 이전과 다른 강연 피드백을 받고 감격했다. 10년 차 강사의 노하우가 집약된 《완벽한 강의의 법칙》은 초보 강사들에게 실질적인 도움이 되는 책이다. 감동으로 강연을 만들고, 강연으로 인연을 만들어가는 강사가 되자.

《1천 권 독서법》 작가 전안나

《완벽한 강의의 법칙》은 책 제목 그대로 초보 강사도 프로 강사처럼 완벽한 강의를 할 수 있도록 강의력, 강사력, 태도 등을 중점적으로 다루며 귀한 노하우를 섬세한 부분까지 쏟아냈다. PPT 제작법부터 강사로서 갖춰야 할 스피치나 전달 스킬 그리고 강사로서의 사명감 등에 대한 내용에 천 번 이상의 강의 경험이 있는 나조차도 강의에 대한 반성과 교훈을 일삼고 한층 나아진 강의를 할 수 있는 계기가 되었다. 책을 읽는 내내 유익한 내용에 감탄하며 10년 이상의 강의 경험에서만 나올 수 있는 진짜 강의법을 소개한 유일한 책이라는 생각이 들었다. 강연, 강의를 준비하며 소통을 하는 모든 이들에게 매우 값진 선물 같은 책이 될 것이라고 확신한다.

ING생명 한남사업단장 소영민

서문

배우를 꿈꾸던 아이

나는 아주 어릴 적부터 배우의 꿈을 키웠다. 여느 아이들처럼 수십 번 꿈이 자주 바뀔 법도 한데 그 꿈은 내가 성인이 된 후에도 계속 이어졌다. 연말 시상식을 보며 나도 TV 속 배우처럼 예쁜 드레스를 입고 상을 받고 행복한 눈물을 흘리며 많은 사람의 박수갈채를 받고 싶다는 것이 내 꿈의 시작 같다. 그래서인지 연기 연습보다 수상소감 연습을 더 많이 했다.

그 꿈을 향한 길은 참 험난했다. 도시에 살던 것도 아니고 시골 중에서도 시골, 지도 거의 끝부분에 위치한 전남 고흥에서 고등학교 때까지 살았다. 연기를 배울 기회는 전혀 없었으며 그때는 지금처럼 인터넷도 발달되지 않았기 때문에 대본 구하기도 힘들었다. 오로지 TV 드라마 속 배우의 대사를 재방송까지 챙겨보며 외우고 적을 수밖에 없었다. 그래도 연기를 독학으로 공부해 관련

학과에 진학하는 데 성공했다. 대학 졸업 후에는 2년 정도 소속사 생활을 하며 배우로서의 길을 준비하기 시작했다.

나는 사투리가 심하고 혀가 짧아 발음이 좋지 않아 연기 연습을 하면서 사투리를 고치고 발음을 교정했다. 또 선천적으로 편도가 좋지 않아 목소리를 크게 내거나 말을 많이 하면 목에 엄청난 부담이 되었기에 복식호흡을 배우고 연습했다.

하루아침에 포기한 배우의 꿈 🌱

소속사 생활 중에 큰 권태기가 찾아왔다. 나를 객관적으로 들여다보는 시간을 갖게 되면서 깨달았다. 내 외모가 그렇게 뛰어나지도 연기가 출중하지도 않다는 것을 말이다. 이런저런 작품들에 출연은 했지만 고작 한마디하고 사라지는 단역인지라 자존심이 상했고, 상처도 많이 받았다. '내가 할 수 있는 일은 이게 아닌 것 같다'라는 생각을 했다. 그러고는 과감하게 어릴 적부터 꿈꾸고 준비해온 것들을 하루아침에 모두 정리하기로 했다. 그때 나는 고작 스물한 살에 불과했다. 아직 어린 나이기 때문에 많은 기회가 있으리라 생각하며 주저앉지 않고 스스로 일으켜 세웠다. 문제는 어릴 적부터 한 가지의 길만 보고 걸어온 내가 무엇을 할 수 있을까 하는 것이었다. 무언가는 분명 할 수 있는 나이지만 무엇을 해야 할지는 전혀 알지 못해 답답했고 미래에 대한 불안감이 엄습하기 시작했다.

　정신을 차리고 책상 앞에 앉았다. 종이 위에 연필을 두고, '무엇을 할 수 있을까?' 하는 질문을 하기 시작했다. 몇 시간 동안 아무것도 적지도 답하지도 못했다. 그래서 나는 질문을 바꿔 내가 잘하는 것과 좋아하는 것을 먼저 적어보기로 했다(이 방법으로 직업을 찾아낸 경험을 바탕으로 자신의 직업을 선택하는 데 어려움을 겪던 사람들을 돕기도 했다).

　내가 잘하는 것을 찾기가 어려웠다. 그 질문에도 한참을 고민했다. 그렇게 한참을 고민해 쓴 한 단어. 나는 '말'이라고 썼다. 발음은 좋지 않을지언정 어릴 때부터 순발력 있게 말을 잘했고 독서토론에서도 여러 번 수상한 경험이 갑자기 떠오른 것이다. 말싸움에도 진 적이 없을 만큼 나름대로는 말을 논리적으로 잘하는 편이었다. 그리고 좋아하는 것을 적어보기로 했다. 좋아하는 것은 잘하는 것에 대한 질문보다는 의외로 쉽게 쓸 수 있었다. 직업과 상관이 없을지도 모르는 많은 것들을 생각나는 대로 무작정 적었기 때문이다. 드라마, 메이크업, 요리, 상담, 화장품쇼핑 등등. 그렇게 적다 보니 잘하는 것과 좋아하는 것이 겹치는 느낌이었다. 말과 상담. 이것들을 토대로 나는 직업을 찾기 시작했다.

설득의 기술을 배우다 🍂

처음 일하기 시작한 곳은 미용학원이었다. 합격 후 막상 일을 해보니 미용 상담이 아니라 미용학원에 수강생을 등록하고 수강생을 관리하는 영업사원과 같은 것이었다. 어쨌든 수강생 등록을 위한 상담 업무만은 확실했다. 수강생을 관리하면서 수강생이 학원 수업을 들으며 겪는 고충을 상담해주는 일이었기에 나름 만족하면서 다녔다. 이때 사람을 설득하는 기술을 배우기 시작했다.

나는 당시 인센티브로 급여를 받았는데 어린 나이임에도 일반 직장을 다니는 친구들보다 두 배 이상 높은 급여를 받고 있었다. 하지만 무언가 만족이 되지 않았다. 상담이 아닌 누군가를 가르칠 수 있는 일이 하고 싶다는 갈망이 생겼다. 하지만 그러기에 나의 배움은 적었고 누군가를 가르치기에 뛰어난 전문 지식을 갖추고 있는 것도 아니었으며, 사실 그럴 만한 자격이 없었다. 그러던 중 미용학원에 화장품 교육 강사 일을 그만두고 입사한 친구가 내 후임으로 들어왔다. 화장품과 미용에 관심이 많던 나는 '바로 이거다'라는 생각이 들어 어떻게 하면 화장품 교육 강사를 할 수 있는 것인지를 물었다. 대답은 의외로 간단했다. 화장품 방문판매를 하는 특약점에 입사하면 됐다. 경력이나 경험이 그리 중요하지 않았고 일단 입사만 하면 본사에서 8박 9일의 연수기간에 걸쳐 화장품 교육을 모두 해주며 한 달에 한 번씩 본사 교육으로 제품 교육

받은 것을 그대로 카운슬러에게 교육하면 되는 것이다. 사장님 면접만 잘 보면 되는 일이었다. 나의 강사생활은 그렇게 그곳에서부터 시작되었다.

우연한 기회에 찾아온 강사 일 🌰

다행히도 나는 배우 준비를 하면서 남들 앞에 서본 경험이 있었고 기본적인 발음과 발성을 갖추고 있었다. 무엇보다도 미용학원에서 설득하는 일을 해온 것이 큰 도움이 되었다. 신제품이 나오면 카운슬러들은 강사의 강의를 들은 후, 제품 정말 좋고 고객에게 잘 팔릴 것 같다는 생각이 들면, 즉 강의에 설득이 되면 제품을 구매해간다. 나는 강의 후 카운슬러들이 교육 후에 제품을 얼마나 구매했는지 보고 내 강의를 스스로 평가했다. 나의 강의 후에는 늘 많은 카운슬러들이 제품을 구매해갔다. 그들은 '강사님 강의를 들으면 제품이 너무 좋게 느껴져 자신이 먼저 써보고 싶다'는 생각이 든다고 했다. 배우 트레이닝의 경험, 미용학원에서의 상담으로 사람을 설득해본 일, 모두가 일을 하는 데 정말 큰 도움이 되었다. 그래서 화장품 교육 강사로 입사한 지 3개월 만에 본사 주최 강사 대회에서 1등을 수상하기도 했다. 강사로서의 어느 정도의 기본기를 미리 갖춘 상태에서 강의했기에 가능한 일이었다.

그런데 누군가를 가르친다는 꿈을 이뤘는데도 여전히 만족하지 못하고 목말랐다. 꿈은 계속 꿔야 이루어진다. 만족하는 순간 꿈은 사그라들고 성장은 멈춘다. 나는 보다 전문적인 강사활동을 위해 서비스 강사 과정을 수료하고 더욱 역량을 키워나갔다. 수년간 화장품에 대한 지식을 쌓은 것이 아깝기도 하고 무엇보다 내가 가장 좋아하는 것을 놓치고 싶지 않아 화장품 회사 본사로 전직했다. 지금까지 나는 화장품 회사에서 본사 직원 및 판매 사원에게 화장품 제품 교육, 서비스 교육, 세일즈 교육, 동기부여 교육, 뷰티클래스 등 안팎으로 12년간 강사 활동을 하고 있다.

한때 포기할 뻔한 강사의 길 🌱

어느 정도로 이 강사 일을 좋아하냐면, 금세 아파서 쓰러질 듯하다가도 강단에 서면 언제 그랬냐는 듯 전혀 아프지 않았다. 그 초능력에 스스로 놀라기도 했다. '오늘 강의는 정말 쉬고 싶다' 하며 의지가 약해질 때도 막상 강의를 시작하면 어느새 한껏 즐기는 나를 발견했다. 천직이라는 것이 이런 거구나 싶었고, 그동안 내 삶은 모두 강사가 되기 위한 것 같았다. 그런 내가 이 일을 한때 포기할 뻔한 적이 있었다. 믿었던 사람에게 배신당하던 일을 시작으로 설상가상 나쁜 일들이 한꺼번에 겹치면서 긍정적이고 밝은 에너지의 내가 나를 놓아버리기 시작하면서부터 더는 강의를 할 수 없다고 느꼈다.

나는 '가르치는 대로 살아야 한다'라고 늘 주장해왔는데 더 이상 스스로 그러지를 못했다. 서비스 교육을 하며 미소가 얼마나 중요한지 그렇게 강조했는데, 정작 나는 힘든 일을 겪으며 미소 짓지 못했다. 그런 인상을 가지고 강사랍시고 사람들한테 강의한다는 것이 부끄러웠고 죄 짓는 것만 같았다.

독서를 하면서 스스로 일어서는 힘을 길렀고, 이제 그 무엇에도 지지 않는 단단한 굳은살과 마음의 근육을 키웠다. 그 당시에는 모든 것을 원망했지만 지나고 나니 나처럼 힘든 경험으로 일어서지 못하고 있거나 지쳐 있는 사람들에게 역경과 고난을 극복한 경험자로서 또 강사로서 그들이 극복할 수 있도록 경험을 베풀고 용기와 희망을 줄 수 있기에 더욱 감사한 경험이라는 생각이 든다.

청중을 위한 강의의 모든 것 🌱

다양한 주제로 수많은 강의를 하면서 느낀 것이 있다면 강사는 선한 마음으로 베풀 줄 아는 이가 돼야 한다는 것, 오로지 강사 자신이 하고 싶은 강의가 아닌 청중이 알고 싶고 듣고 싶어 하는, 즉 청중을 위한 강의가 돼야 한다는 것. 반드시 목표와 목적이 있는 강사가 되어야 한다는 것. 자신만의 철학을 지닌 강사여야 한다는 것이다. 그러면서 모든 강의가 주제는 다르더라도 수학 방정식처럼 기본적인 강의 공식에 주제만 다르게 대입하면 매끄럽게 강의할 수 있음을 깨달았다. 그래서 강의를 할 수 있도록 하는 기본적인 공식들을 다양한 방법의 고급 노하우로 독자에게 공유하고자 책을 쓰게 되었다.

이 책은 내가 하고 싶은 이야기, 쓰고 싶은 글을 쓰기보다는 강의를 잘하고 싶은 독자의 마음을 헤아려 독자가 읽고 싶은 이야기, 실제로 강의할 때 도움이 되는 것들 위주로 구성했으며 작가 다움을 갖춘 상태에서 쓰려고 많은 노력을 기울였다. 수많은 책과 방대한 자료를 바탕으로 배우 생활을 하며 익힌 태도, 상담 업무를 하며 쌓은 지식, 10년 동안 1천 건이 넘는 강의를 하며 축적한 경험과 노하우를 함께 녹였다. 강의에 대한 지식과 경험이 없는 독자, 또 강의 경험은 있으나 강의에 대해 아직도 배움의 목마름이 있는 독자 모두 만족할 수 있는 책이라 자부한다.

부디 당신이 이 책을 통해 다양한 지식을 습득하기를 바라며 강사로서의 사명감으로 청중에게 베풀고 도움을 주는, 청중을 위해 강의하는 훌륭한 강사로 거듭나기 소망한다.

차례

서문 · 8

1장 식은땀 나는 강의공포증 극복하는 법
  떨지 않는 강사는 없다 · 19
  강사가 누구인지부터 이해하라 · 24
  학습자의 특성을 파악하라 · 30
  청중은 마음이 열려야 눈과 귀를 내준다 · 35
  망치는 강의를 알아야 망치지 않을 수 있다 · 43
  준비된 강사는 떨리기보다 설렌다 · 49
  몸과 마음의 긴장을 푸는 프로 강사의 TIP · 54

2장 강의의 성패는 강의 기획에서 결정된다
  훌륭한 프레젠터라도 강의를 잘하기는 쉽지 않다 · 58
  이겨놓고 싸우려면 제대로 분석하라 · 62
  유능한 강사는 모방하되 절대 훔치지 않는다 · 67
  목적과 목표가 없는 강의는 잡담에 불과하다 · 72
  강의의 첫인상을 섹시하게, '섹시한 제목'을 만들어라 · 78
  콘텐츠 구성 능력이 곧 강의 능력이다 · 83
  강의기획서와 강의내용기획서 · 89

3장 보고 듣는 강의, 프로 강사의 강의 자료 개발
  앵무새 강사가 아닌 시각 자료로 득템의 기회를 주는 강사 · 92
  3의 법칙을 활용하라 · 98

10분마다 폭탄을 설치하라 · 102

좋은 PPT를 만드는 3S · 108

자산 업그레이드에 게으름 부리지 마라 · 115

유용한 사이트 모음 · 121

4장 제대로 전달하는 베테랑의 강사력

프로 강사의 강사력, 무엇이 다른가 · 123

청중을 내 편으로 만드는 '유혹의 기술' · 129

청중을 설득하는 '설득의 기술' · 136

전달력 있는 강사의 '스피치 기술' · 143

몸의 언어로 강의하는 강사의 '바디의 기술' · 151

쉽게 설명하는 '설명의 기술' · 159

강의 리허설을 돕는 PRD 기법 · 164

5장 프로 강사의 LIVE 강의 실전

완벽한 강의를 위한 완벽한 준비를 갖춰라 · 173

청중은 3분 안에 강의를 들을지 말지를 결정한다 · 179

서론에서 강의를 듣고 싶게 하라 · 187

청중을 강의에 빠지게 하라 · 193

강의를 기억하게 하라 · 202

6장 품격 있는 강사가 돼라

가르치는 대로 살아라 · 208

어떤 강사가 되고 싶은지 생각하라 · 213

책을 읽지 않는 강사는 누구도 변화시킬 수 없다 · 218

강의의 품격을 갖춰라 · 224

식은땀 나는
강의공포증
극복하는 법

떨지 않는 강사는 없다

《톰 소여의 모험》을 쓴 미국 소설가 마크 트웨인(Mark Twain)은 "연사는 두 부류가 있다. 긴장하는 연사와 거짓말하는 연사다"라고 말했다. 베테랑 프로들도 모두 긴장되고 떨리기는 마찬가지다. 단지 긴장감을 안고 있으면서도 무대에서 떨린다는 것을 감추고는 제 할 일 끝내고 내려오는 것이다. 12년간 강의한 나도 새로운 청중을 마주할 때면 늘 떨리고 긴장되며 가슴이 두근거리기까지 한다. 강의를 20년, 30년 해온 프로 강사들도 마찬가지다.

가수 양희은은 데뷔한 지 40년이 훨씬 지났음에도 아직도 무대 공포증이 심하다고 말했다. 〈나는 가수다〉에 출연한 김건모는 심적 부담감 때문에 노래 중 마이크를 잡은 손을 부들부들 떠는 모습을 보였다. 엘비스 프레슬리(Elvis Presley)는 "나는 무대공포증을 결코 극복하지 못했다. 공연할 때마다 나는 무대공포증에 시달렸다"라고 말했다. 뛰어난 연설가 윈스턴 처칠(Winston Churchill),

존 F. 케네디(John Fitzgerald Kennedy) 대통령 모두 대중 연설을 두려워했으며, 미국 정치가 토머스 제퍼슨(Thomas Jefferson)은 연설을 두려워한 나머지 국정연설도 남에게 시켰다. 이렇게 위대한 인물들 역시 청중 앞에 서는 것을 두려워한다. 평상시에는 많은 사람들이 있는 자리에서 편하게 대화를 나눌 수 있을 만큼 멀쩡하다가도 왜 사람들 앞에만 서면 떨리는 것일까?

두려움과 공포는 본능이다 🌰

"왜 나는 사람들 앞에 서는 일이 두렵지?" 하며 좌절하기보다 이것이 자연스러운 일임을 깨달아야 한다. 우리 두뇌 한가운데에는 '아미그달라'라는 부위가 있는데, 아몬드 모양을 닮았고 좌뇌와 우뇌에 하나씩 존재한다. 생존을 위해 매우 중요한 부위로, 두려움이나 공포 등 경고의 감정을 불러일으킨다.

원시시대부터 생존경쟁에서 살아남기 위해 우리 조상들은 두려운 것에 대한 적절한 반응을 몸에 익혔다. 즉 두려움을 느끼면 온몸이 떨리기 시작하고, 그 자리에서 도망쳐 위협적인 상황에서 벗어난다.

우리의 두뇌는 '몸을 숨길 곳이 없는 탁 트인 공간에 무기가 없는 상태에서 나를 주시하는 한 무리 앞에 서 있는' 상황, 혹은 '혼자 서 있는' 상황을 생존에 위협적이라 간주한다. 이때 아미그달라에 신호가 가면서 두려움과 공포를 느끼게 된다. 그러니 많은 사람들 앞에 홀로 서는 것이 떨리는 것은 수많은 경험과 경력에 상관없이 과학적으로 당연한 일이다.

아미그달라가 제대로 기능하기 때문에 우리는 두려움을 느끼고, 덕분에 살아남을 수 있다. 한 실험에서 쥐의 아미그달라의 기능을 마비시켰다. 그러자 쥐는 고양이 앞에서도 두려움과 공포를 느끼지 못해 도망치지 않았으며, 잡아먹히는 순간에도 소리 한 번 내지 않았다.

두뇌에 문제가 생기지 않는 한 무대에 서는 것은 두려운 일이며, 두려움을 줄일 수는 있을지 몰라도 완벽히 없애기란 불가능하다. 어찌할 수 없는 것이라면 긍정적으로 받아들여야 한다. 그것이 두려움을 극복하는 첫걸음이다.

청중은 적이 아니다

강의할 때 떨리는 또 다른 이유는 홀로 강단에 서 있는 나를 바라보는 청중을 적으로 생각하기 때문이다. 백화점 VIP고객을 대상으로 처음 뷰티클래스를 진행할 때였다. 그날 강의 장소는 특이하게 지하주차장에 있는 VIP룸이었는데, 빔 프로젝터를 사용할 수 없는 열악한 환경이었다. 할 수 없이 패널을 제작해서 강의를 해야 했다. 패널을 넘기고 치우는 역할을 할 사람이 필요해서 함께 간 회사 직원에게 내 옆에 서서 그 일을 해달라고 부탁했다.

그런데 그날은 어쩐 일인지 다른 날에 비해 긴장감이 거의 느껴지지 않았다. 그 이유를 곰곰이 생각해보니 홀로 서서 나만을 주시하는 청중과 일대다로 싸우는 것이 아니라, (부득이한 상황 때문이었지만) 내 옆에 '내 편'이 있다는 든든함을 무의식적으로 느꼈기 때문이었다. 지금까지 내가 청중을 적으로 여기고 있었기 때문에 강의할 때 떨렸던 것임을 그때서야 깨달았다.

청중은 당신의 적이 아니다. 청중은 오히려 강의하는 당신을 응원한다. 당신이 김연아 선수가 기술을 시도하는 중에 행여 실수할까 봐 선수보다 더 마음 졸이는 것처럼, 청중도 당신을 응원하고 있다. 가수들의 경연 프로그램에서 한 가수는 "오늘 무대가 너무 떨리네요" 하고 솔직하게 말하자 누가 시키지 않았는데도 청중 모두가 박수로 가수를 격려했다.

강의 전이나 강의 중 긴장감을 감추기 힘들다면 차라리 청중에게 떨린다는 것을 고백하라. 그러면 청중은 오히려 격려의 박수를 보내며 응원할 것이고, 당신의 긴장감은 줄어들게 된다.

철저한 공부와 연습만이 살길이다 🎤

무지無知 역시 떨림의 원인이다. 미국의 철학자이자 시인인 랠프 에머슨은 "두려움은 언제나 무지에서 샘솟는다"라고 했다. 강의를 하고자 마음먹었다면 강사는 무슨 일을 하는 사람인지, 청중은 어떤 사람인지 기본적인 것부터 알아야 한다. 강의는 누군가를 가르치는 일이다. 그래서 가르치는 것 또한 이해하고 배워야 한다.

실수해서 강의를 망칠 것 같은 생각 역시 떨림의 원천이다. '강의를 망치면 어떡하지?', '강의 중에 실수해서 사람들의 웃음거리가 되면 어떡하지?' 등의 부정적인 생각과 감정 때문이다. 왜 이런 생각이 들까? 준비가 부족해 자신이 없기 때문일 수도 있고, 경험이 적은 '초보 강사'라 그럴 수도 있다.

결국 철저한 준비와 연습만이 살길이다. 리허설을 수십 번 하고, 강의자료를 완벽하게 준비했다면 자신감이 넘친다. 빨리 강의하는 내일이 오기를 바라며 떨림이 아닌 설렘으로 강의 시간까지 기다릴 수 있다. 만약 경험이 많지 않은 강사라면 망하는 강의가 어떤 것인지 알고 그것만큼은 실수하지 않도록 철저히 무장한 후 강단에 서야 한다. 이때 잘할 수 있다는 긍정적인 감정을 갖고 성공적인 강의를 상상하면 떨림을 진정시킬 수 있다.

그 외에도 새롭고 낯선 장소, 좋지 않은 컨디션 등도 떨림의 대표적인 원인이다. 장소가 낯설다면 조금 일찍 가서 강의실에 익숙해져야 하고, 컨디션 조절도 미리 하는 것이 좋다.

정리하자면 두려움을 긍정적으로 받아들이는 자세, 청중을 내편으로 생각하는 태도, 철저한 준비와 연습 그리고 공부가 떨림을 잠재우는 핵심이라고 할 수 있겠다. 이렇게 하면 무대공포증을 극복하고 자신감과 설렘으로 무장할 수 있다.

강사가 누구인지부터 이해하라

강사講師라는 글자를 살펴보면 외울 강講, 스승 사師를 쓴다. 강講은 '외우다'라는 뜻 외에도 '배우다, 익히다, 연구하다, 설명하다, 풀이하다, 계획하다'라는 의미를 지니고 있다. 사師는 스승이라는 뜻을 지니고 있는데 '스승'은 사전적인 의미로 '가르쳐 인도하는 사람'이다. 즉 강사는 '배우고 익히고 연구해 자신부터 가르치고 상대를 인도하는 스승'이라는 뜻으로 해석할 수 있다.

나는 많은 시간 동안 강사로 지내면서 단 한 번도 강사가 누군가를 가르치는 직업이라고 생각해본 적이 없다. 어떤 이는 강사는 배워서 남 주는 일이라고 표현하기도 한다. 내가 열심히 배우고 익히고 연구한 것들을 남들은 쉽게 취득한다고 생각하기 때문에 하는 말인 듯하다. 물론 아주 틀린 말은 아니다. 하지만 배워서 남 주기만 한다고 생각하면 분명 어느 순간 강사라는 직업에 회의를 느끼게 된다.

'나는 애써 힘들게 몇 날 며칠을 밤새우고 시간을 쪼개 공부했건만 내 강의를 듣는 이들은 이렇게 쉽게 가만히 앉아 듣고만 있다니, 배가 아파 다 알려주고 싶지 않은데?!' 하는 생각이 든다면 강사를 절대 하면 안 되는 사람이다. 그것은 곧 강사가 해야 할 일, 역할 등을 제대로 수행하지 않겠다는 의미다.

강사는 내가 가지고 있는 지식들을 공유하고 베풀며 도움을 주는 사람이어야 한다. 어떤 이는 '강사만 하면 억대연봉을 받을 수 있다'라며 강사를 돈 버는 직업 정도로 말하기도 한다. 하지만 강사는 돈을 벌기 위해 '강사나 해볼까?'라는 마음으로 시작할 수 없다. 시작해서도 안 된다. 유료이든 무료이든, 사람들은 당신의 강의에 소중한 시간을 투자하는 것이다. 그 시간을 내주는 이들이 있기에 무대가 있을 수 있고 무대가 있기에 강사가 존재할 수 있다. 가르침은 곧 두 번 이상을 배우는 것이라 했다. 강사를 계속하고 싶다면 배움을 게을리하지 않아야 하고, 나눔과 베풂을 아까워하지 말아야 한다. 함부로 강사라는 직업을 업신여기지 않길 바란다.

많은 학자들은 강사의 역할을 다양하게 제시하고 있다. 그 중 몇 가지를 꼽자면 강사는 기획자, 전문가, 메신저, 조력자, 동기부여가다.

기획자 ◑

강사는 어떤 콘텐츠로 청중에게 도움과 이익을 줄 것인지 기획하는 기획자다. 강의 기획 단계에서 얼마나 많은 고민을 하고 분석 과정을 거치느냐에 따라 강의의 성패가 결정된다. 나 역시 강의를 위해 가장 많은 시간을 들이는 것이 기획 단계다. 강의 기획에 대해서는 2장에서 자세히 다루도록 하겠다.

전문가 ◑

강사란 '배우고 익히고 연구해 자신부터 가르치고 상대를 인도하는 스승'이라고 앞에서 정의한 바 있다. 먼저 자신부터 가르쳐야 남을 가르칠 수 있고 도움을 줄 수 있다. 석가모니는 '먼저 자기 자신을 가르쳐야 남도 가르칠 수 있다'라고 했다.

강사는 끝없이 배우고 익히고 연구하는 직업이다. 청중을 가르치기 전에 자신을 먼저 가르치고 배워야 한다. 청중 중에는 강사보다 더 뛰어난 지식과 경험을 지닌 이들도 많다. 그러한 청중이 당신의 의견에 반박할 때 그것을 뛰어넘을 수 있을 만큼 철저한 준비와 공부를 해서 전문성을 갖춰야 한다.

서비스 교육 강사들 중에는 자신의 '말재주'를 믿고 책과 자료만으로 서비스에 대한 지식을 익히고 강의하는 사람도 많다. 하지만 청중은 강의를 듣자마자 바로 알아챈다. 고객을 직접 대해보고 강의를 하는지, 아니면 경험도 없으면서 뜬소리나 하고 있는지 말이다. 아무리 뛰어난 책과 자료로 공부한들 경험한 것을 뛰어넘지는 못한다. 그래서 강사는 전문적인 지식을 익히는 동시에 강의 주제에 관한 풍부한 경험을 가지고 강의를 해야 한다. 간혹 자신이 잘 알지 못하는 분야에 대한 강의 요청이 들어오면, 당장 강의할 욕심에 다른 사람의 강의 내용을 그대로 베끼기도 하고 수박 겉핥기식의 강의를 하기도 한다. 이런 건 절대 해서는 안 된다.

《논어》에 구이지학口耳之學이라는 말이 있다. 귀로 들은 것을 그대로 남에게 이야기할 뿐 조금도 제 것으로 만들지 못한 천박한 학문이라는 뜻이다. 강사는 구이지학으로 강의하면 안 된다. 수많은 배움과 연구 끝에 얻은 지식을 자기 것으로 만들고, 여기에 경험까지 더해 무대에 서야 한다.

메신저 📢

강사는 메시지를 청중에게 전달하는 메시지 전달자, 즉 메신저다.

메신저로서 강사는 '이·설·공' 할 수 있어야 한다. 청중을 '이해시키고 설득한 후 공감을 얻어야 한다'라는 뜻이다. 강사는 기획력과 전문성을 갖추고, 청중이 이익을 얻을 수 있는 강의 주제(메시지)를 선정할 줄 알아야 하고, 그 메시지를 청중이 이해하고 받아들이도록 설득해, 궁극적으로 청중의 공감을 끌어내야 한다.

강사는 청중을	이해시켜야 한다
	설득해야 한다
	공감을 얻어야 한다

조력자

강사는 청중의 배움과 행동을 돕고 변화할 수 있도록 이끄는 사람이다. 《최고의 교수법》의 저자 박남기 교수는 "가르치는 사람은 자신이 인상파 화가의 그림을 이해하지 못했던 시절을 떠올리고, 그 그림을 이해하기 위해 노력하던 과정에서 겪은 어려움을 회상해야 한다. 그러면서 학생들이 그 그림을 제대로 감상하기 위해 어느 위치에 서야 하는지 모색하고 실험하도록 하면서, 함께 그 지점을 찾아가야 한다"라고 했다. 그러면서 "이를 위해서 가르치는 사람은 우선 인상파 그림에 일가견이 있어야 하고, 인상파 그림의 놀랍고 사랑스러운 모습에 심취해야 하며, 학생들이 자기처럼 그 그림을 감상하고 싶도록 만들 수 있다는 필요조건을 갖춰야 한다"라고 했다.

즉 강사가 청중의 조력자가 되려면 자신이 가르치는 것에 대해 제대로 알아야 하고, 강의 내용대로 자신 또한 진정으로 살고 있음을 보여주고, 자신처럼 살도록 행동 변화를 이끌 수 있어야 한다.

동기부여가 🔊

중국 송나라 때의 불서佛書《벽암록》에 줄탁동시啐啄同時라는 말이 나온다. 줄啐은 병아리가 알에서 나올 때 안에서 껍질을 쪼는 것을 뜻하고, 탁啄은 어미닭이 밖에서 껍질을 쪼는 것을 말한다. 줄과 탁이 동시에 이루어져야 병아리가 알을 깨고 나올 수 있다. 병아리는 청중에, 강사는 어미닭에 비유할 수 있을 것이다. 즉 강사는 청중의 흥미를 유발하고 호기심을 불러일으키며, 청중이 강의를 스스로 듣고 싶게 하고 강사가 전달하는 메시지대로 행동하고 싶게끔 만드는 동기부여가 돼야 한다.

아직 당신이 어떤 강사가 되겠다는 생각이 없다면, 혹은 막연하게 그냥 강사가 하고 싶다면, 이 꼭지를 읽어본 후 어떤 강사가 되고 싶은지 또 어떤 강사가 돼야 하는지 곰곰이 생각해보길 바란다.

학습자의 특성을 파악하라

강사는 강의를 하기 전 청중을 철저히 분석해야 한다. 청중 맞춤식 강의! 이것이 강의에서 가장 중요하다. 강사는 학습자 맞춤 강의를 위해 학습자의 나이, 성별, 지적수준, 관심사 등을 철저하게 분석해 강의를 기획하고 준비하고 진행해야 한다.

청중의 특성을 이해하라

흔히 강의를 할 때 범하기 쉬운 실수는 청중을 '내가 가르쳐야 하는 대상'으로 생각해 주입식 교육을 시도한다는 것이다. 아동이 청중이라면 유용한 강의 방식일 것이다. 하지만 청중이 성인이라면 이런 식의 강의는 소용 없다.

성인교수이론에서는 안드라고지(Andragogy)와 페다고지(Pedagogy)의 차이를 다룬다. 안드라고지는 그리스어로 Aner(성인)＋Agogus(지도자, 리더)의 합성어, 페다고지는 Paid(어린이)＋

Agogus(지도자, 리더)의 합성어다. 즉 안드라고지는 성인학습, 페다고지는 아동학습이다.

사회교육학자 말콤 노울즈(Malcolm Knowles)에 의하면 성인은 무엇을 배우든지 그걸 배워야 하는 이유를 알고 싶어 한다. 또한 ① 다양하고 풍부한 경험이 있고 ② 외적인 것보다는 내적 동기를 가지고 학습하며 ③ 강사에 의존하기보다는 자기주도적·자율적·독립적인 존재다. 그렇기 때문에 성인을 교육할 때는 어린 학생들을 가르치는 주입식 교육 방식이 효과를 내기 어렵다.

학습자에 따라 강의 방법을 달리하라 🔊

성인학습과 아동학습의 가장 큰 차이는 무엇일까? 우선 성인학습의 경우 강사가 학습자의 학습을 '돕는' 것이고 아동학습의 경우 강사가 학습자를 '가르치는' 것이다. 경험이 적고 미성숙한 아동은 지도자가 일방적으로 지식을 가르친다. 반면 성인이 학습자라면 강사가 그의 풍부한 경험을 존중하고, 그가 앞으로 나아갈 수 있도록 돕는 조력자의 역할을 해야 한다. 이미 성인인 학습자는 강사가 자신을 가르치려 하는 느낌이 들면 반감을 드러낸다. 강사는 가르치는 사람이지만 절대 가르치는 사람이 되면 안 된다. 다시 말해, 강사는 학습자가 느낄 때 가르치는 사람보다는 도움을 주는 사람으로 인식해야 한다는 것이다. 영국의 시인이자 비평가인 알렉산더 포프는 "사람을 가르칠 때는 그 사람이 눈치채지 못하게 하라"고 했다. 성인을 대상으로 강의할 때 명심해야 할 점이라 할 수 있겠다.

아동의 경우 보상과 칭찬, 처벌 등의 외재적인 것에 영향을 받아 학습 동기를 일으킨다. 하지만 성인은 만족감과 성취감 등의 내재적인 동기에 영향을 많이 받는다. 그렇기 때문에 성인들에게는 보상과 처벌을 제시하기보다 동기부여에 힘써야 한다. 즉 성인에게 강의를 제대로 듣지 않으면 응징하겠다고 협박하거나, 강의를 잘 들으면 무언가를 주겠다고 유혹하는 건 통하지 않는다는 뜻이다. 강의의 도입 단계에서 이 강의를 들으면 어떤 이익을 얻을 수 있는지 설명해 동기부여를 하는 것이 좋다.

아동은 의존적인 존재로 표준 커리큘럼을 사용해 교사가 일방적으로 교육을 하지만 성인은 자기 주도적인 성향이 강해 쌍방 대화식의 강의를 해야 한다. 그래서 성인을 대상으로 하는 강의는 쌍방으로 소통하는 방식을 택하는 것이 좋고, 학습자 맞춤 커리큘럼을 개발해야 한다.

청중이 원하는 이야기를 들려줘야 한다 🎤

얼마 전 베스트셀러 《1천 권 독서법》의 저자 전안나 작가를 만났다. 개인적인 친분이 있는 분인데 책이 출간된 후 고3 학생 300여 명을 대상으로 한 강의를 요청받았다고 했다. 전안나 작가는 직장에서 사내강사로도 활동하고 있어 강의 자체에는 능숙한 편이다. 그런데 사내 강의는 업무 위주의 내용이기 때문에 줄곧 잘해왔지만, 작가로서 외부 강의를 하는 것은 처음이라 떨리고 두렵다며 내게 도움을 요청했다. 더군다나 청중이 고3이기 때문에 주제를 정하는 것이 너무나 어렵다는 것이다. 수능을 끝마치고 자유롭고 싶은 그들에게 어떤 이야기를 들려줘야 할지, 이제 한시름 놓은 아이들에게 책 읽으라는 이야기를 하는 게 맞는지 고민된다고 했다. 나는 도움을 주기 위해 작가의 책을 모두 읽고 고3 학생에게 들려줄 이야기와 메시지, 주제로 어떤 것이 좋을지 작가와 함께 고민했다.

《1천 권 독서법》은 직장인 독서법을 다룬 책이라 이 내용만 가지고는 고3 학생인 청중에게 먹힐 만한 소재를 찾기 어렵다. 하지만 강의 의뢰자인 학교 선생님은 작가의 책을 읽고 감동받아 강의를 요청한지라 책 이야기를 해주기 원했다.

일단 나는 주제를 잡기 수월하도록 강의기획서와 강의내용기획서를 출력해 작가를 만났다(강의기획서와 강의내용기획서의 양식 및 활용법은 2장에서 자세히 다룰 것이다). 작가 역시 책의 주제가 청중과 맞지 않다는 것을 알고 있었다. 나는 청중이 공감할 만한 것을 먼저 찾는 것이 중요하다고 생각했다. 그래서 작가의 학창시절을 들려줄 것을 제안했다. 미리 모든 것을 겪고 사회에 나와 있는 인생선배로서, 학창시절부터 책을 쓰게 된 과정들까지 훑으며 이제 막 수능을 끝낸 학생들에게 희망적이고 이익이 될 만한 이야깃거리를 함께 찾아갔다.

강연을 위해 가장 먼저 그리고 가장 많이 고민해야 하는 것이 바로 청중을 분석하고 청중에 맞춘 강의 주제와 내용을 잡는 일이다. 만약 주로 직장인들의 이야기를 다룬 《1천 권 독서법》의 내용대로만 이야기한다면, 다시 말해 육아와 사회생활로 지치고 다쳤던 마음을 책으로 극복했다는 이야기를 하며 독서하라고 하면 고3인 청중에게 그 강의가 도움이 될까?

이 책을 쓰는 지금은 아직 작가님의 강연은 진행되지 않았다. 하지만 고3 학생들에게 공감과 이익을 주는 주제로 강연을 준비하고 있는 전안나 작가는 반드시 성공적인 강연을 하게 될 것이다.

청중을 철저히 분석하라는 이야기는 앞으로도 지겹도록 계속해서 이야기할 것이다. 누구를 위해 강의를 하는지 생각해보라. 강사 자신을 위해서? 강의는 청중에게 강사가 들려주고 싶은 이야기를 하는 것이 아니다. 청중이 듣고 싶은 이야기를 들려주는 것이 강사가 할 일이다. 이 점을 강사가 될, 혹은 이미 강사인 당신이 꼭 깨달았으면 한다.

청중은 마음이 열려야 눈과 귀를 내준다

"세상에서 가장 어려운 일은 사람이 사람의 마음을 얻는 일이란다. 각각의 얼굴만큼 아주 짧은 순간에도 각양각색의 마음속에 수만 가지의 생각이 떠오르는데 그 바람 같은 마음을 머물게 한다는 건 정말 어려운 거란다."

《어린 왕자》 중

청중은 마음이 열리지 않으면 강의에 호의적이지 않은 태도를 취하기도 한다. 스스로 강의를 찾아왔다면 그나마 다행이지만, 회사나 기타 이유로 듣고 싶지 않은데 억지로 끌려왔다면 더욱 당신과 당신의 강의에 호의적이지 않을 것이다. 혹은 "네가 강의를 얼마나 잘하는지 보겠어" 하는, 즉 강의를 평가하기 위해 온 청중일지도 모른다.

이런 청중은 어떻게 구별해낼 수 있을까? 강의가 시작되고 무대에 오른 후 자기소개를 하거나 인사를 하기 전 청중의 분위기와 그들이 당신을 바라보는 눈빛, 표정, 자세 등을 살펴보라. 그들은 날카롭고 차가운 눈빛과 굳어 있는 표정, 삐딱한 자세를 취하고 당신을 바라보고 있을 것이다. 혹은 무대에 선 강사를 아예 쳐다보지도 않고 휴대폰을 만지작거리고 있을 수도 있다. 강사는 그 분위기를 재빨리 파악하고 강의를 어떻게 시작해야 할지 판단해서 때로는 준비한 것과 다르게 시작하는 순발력을 발휘하기도 해야 한다.

학창시절 선생님을 좋아하면 그 선생님이 맡은 교과목도 좋아지거나 잘하게 되고, 반대로 선생님이 싫으면 그가 맡은 과목에 대한 흥미를 잃었던 기억을 되짚어보자. 왜 강의를 시작하기 전에 청중의 마음이 먼저 열려야 하는지 이해할 수 있다. 당신에게 매우 호의적인 이들도 물론 있다. 제 발로 직접 당신의 강의를 듣기 위해 찾아온 청중이다. 그들은 강의 내용을 하나라도 더 자세히 듣기 위해 앞자리에 앉는다. 하지만 보통 청중은 앞자리가 비어 있음에도 불구하고 최대한 뒷자리에 앉으려 한다. 이는 무대에 서는 강사만 떨리고 긴장되는 것이 아니라 청중 역시 긴장하기 때문이다. '행여나 앞자리에 앉았다가 강사가 질문을 하면 어떡하지?' 하는 긴장감을 가지고 있고, 또 처음 보는 강사에 대해 어색함과 불편함을 느낀다. 그렇기 때문에 강사는 강의를 본격적으로 시작하기 전에 청중과 친밀감을 형성해야 한다. 그러면 청중은 강사에게 호감을 갖기 시작하고 불편함과 긴장감, 경계심이 사라져 당신의 강의를 듣기 위해 눈과 귀를 내준다.

"마음의 문을 여는 손잡이는 마음의 안쪽에만 달려 있다."

독일의 철학자 게오르크 헤겔(Georg Wilhelm Friedrich Hegel)의 말이다. 청중의 마음 문을 열 수 있는 손잡이는 바깥에 달려 있지 않아 강사가 억지로 열 수 없는 노릇이다. 오로지 청중 스스로가 마음의 문을 열 수 있다. 스스로 마음의 문을 열고 당신의 강의에 눈과 귀를 기울이도록 노력해야 한다.

그렇다면 청중의 닫힌 마음을 어떻게 열도록 유도해야 할까?

청중을 웃게 하라 🌱

《최고의 교수법》의 저자 박남기 교수는 강의 전 청중의 마음을 열기 위한 방법으로 자신의 검은 피부에 대한 농담을 한다고 한다. PPT 화면이 잘 보이도록 담당자가 조명을 끄면 그때를 놓치지 않고 "제 얼굴이 까매서 잘 보이지 않으니 청중을 위해 조명을 그냥 켜주세요" 하면 청중 사이에 가벼운 웃음이 퍼진다고 한다. 이때 자신의 곱슬머리와 검은 피부를 언급하며 "언뜻 보면 외국인 같죠? 한번은 검문을 받게 됐는데 왜 검문하는지 그 이유를 물으니 '불법 체류 외국인 검문 중입니다'라고 하더군요"라고 하자 청중은 더욱 크게 웃으며 긴장을 푼다고 한다.

청중이 웃으면 청중뿐 아니라 강사의 긴장 또한 풀린다. 한바탕 서로 웃고 나면 긴장감이 사라져 조금은 편해지는 느낌이 든다. 강사도 자신의 이야기에 웃어준 청중에 더욱 자신감이 생겨 어느새 긴장하고 있었던 자신을 잊고 강의에 집중할 수 있게 된다.

청중이 우월감을 느끼도록 하라 🌱

박남기 교수의 사례에는 웃음으로 친밀감을 형성한 것 외에도 청중의 마음을 열 수 있는 요소가 하나 더 있다. 자신의 외모를 이용해 자신을 낮추는 것이다. 그는 청중에게 자신이 무대에

선 잘난 척하는 강사가 아닌, 청중보다 더 낮은 사람처럼 이야기했다. 청중들은 무대에 선 강사가 자신보다 우월한 존재라고 생각해 불편함과 긴장감을 느끼게 되고 괜스레 열등감을 느끼기도 한다. 하지만 강사가 자신을 낮춤으로써 청중이 강사보다 자신을 더 월등한 존재로 생각하기 시작하면, 청중은 강사에게 친근감을 가질 수 있다.

어떤 강사는 강의를 시작하면서 자신의 학력과 경력에 대해 잔뜩 자랑하듯 늘어놓으며 자기소개로만 수십 분을 잡아먹기도 한다. 청중이 가장 싫어하는 강사다. 그런 강사를 청중은 속된 말로 '지 자랑하는 강사'라고 한다. 영국의 시인 러디어드 키플링(Joseph Rudyard Kipling)은 인간관계에 있어 "당신은 지나치게 훌륭해 보이거나 똑똑하게 말해서는 안 된다"라고 했으며, 프랑스의 작가 볼테르(Voltaire)는 "사람은 자기애를 숨겨야 한다"라고 했다. 청중은 강사가 잘난 척하면 반감을 갖지만, 강사가 힘든 일을 겪고 이를 극복한 이야기를 들으면 더욱 격려하며 응원의 박수를 보낸다.

그렇다고 자신을 낮춘다며 "오늘 제가 열심히 강의를 준비한다고는 했지만 여러분들께 어쩌면 많이 부족할지도 모릅니다. 그래도 끝까지 잘 경청해주시면 감사할 것 같습니다"라는 말은 삼가자. 이는 청중이 우월감을 느끼는 것이 아니라 처음부터 강의의 부족한 점만을 바라보게 한다. 그러면서 강의를 듣기 전부터 '어렵게 시간 냈는데 시간 버리는 강의가 시작되려나 보다'라고 생각하게 된다.

낚싯대에 물고기가 원하는 미끼를 달아라 🐟

"매년 여름 나는 낚시 여행을 간다. 개인적인 이야기를 하자면 나는 딸기빙수를 매우 좋아한다. 그런데 어느 날 물고기들은 참 이상하게도 나와는 달리 지렁이를 좋아한다는 것을 알게 되었다. 그 이후 나는 낚시를 하러 갈 때 내가 원하는 것에 대해 생각하지 않는다. 물고기가 원하는 것에 대해 생각한다. 낚싯바늘에 딸기빙수를 매달지 않는다. 물고기 앞에 지렁이나 메뚜기를 매달아놓고 '한번 먹어보지 그래?'라고 말한다. 사람을 낚는 경우에도 바로 이런 상식을 활용하지 못할 게 무엇인가?"

내가 가장 좋아하는 작가이자 철학자인 데일 카네기(Dale Carnegie)의 《데일 카네기 인간관계론》에 나오는 구절이다. 이 구절을 인용해 이야기하고 싶은 것은 다음과 같다.

"청중의 마음을 얻기 위해서는 청중이 좋아하고 듣고 싶어 하는 이야기를 해야 한다."

청중은 강사인 당신이 원하는 것에는 관심이 없다. 오로지 청중 자신이 원하는 것, 강의에서 어떤 이익을 취할 수 있는지에만 관심이 있다.

나는 강사를 하기 전 첫 사회생활을 미용학원에서 시작했다. 상담교사로 근무했는데 말이 상담교사지 미용학원 영업팀에 가까웠다. 수강생을 등록시키면 수강생이 내는 수강료의 일정 비율을 월급으로 받았다. 첫 월급은 150만 원이었는데 6개월 만에 350만 원이 넘는 돈을 받았다. 대기업 신입 연봉을 훌쩍 뛰어넘는 금액이었다. 당시 내 나이는 20대 초반에 불과했는데 말이다.

미용학원 수강생을 등록시킬 때는 미용 일에 반대하는 부모를 설득하는 일이 가장 어렵다. 미용에 대한 부정적인 인식을 갖고 있었기 때문이다. 그러한 부모의 마음을 열고 설득하기 위해, 당시 상사는 내게 딱 두 가지만 기억하라고 했다. 상대가 가장 원하는 것과 가장 두려워하는 것. 이 두 가지를 파악하고 그 부분만 설득하면 된다고 했다. 그것이 나를 대기업 연봉 이상의 월급을 받게 한 비결이었다.

위 사례에 강의에 대한 답이 모두 적혀 있다고 해도 과언이 아니다. 청중의 마음 문을 열기 위해서는 상대가 원하고 두려워하는 것을 이야기해야 한다. 또 물고기에 따라 원하는 먹이가 다르듯, 청중마다 원하고 듣고 싶어 하는 이야기가 다르기 때문에 강의 전 청중에 대한 분석을 철저히 해야 한다. 청중이 강의에서 어떤 먹이를 얻고자 하는지 제대로 파악하고 먹이를 준비해야 강의가 청중에게 먹힌다.

'아이스브레이크' 하라 🎤

아이스브레이크(Icebreak)는 단어 그대로 해석하면 '얼음을 깨다, 부수다'라는 뜻이다. 처음 만나는 청중과 강사는 서로 서먹하고 어색한 사이다. 그 상태에서 바로 강의의 서론으로 들어가는 것은 소개팅에서 처음 만나자마자 "결혼합시다"라고 내뱉는 것과 같다. 처음 본 상대에게 그런 말을 들었다면 당신은 어떤 생각과 느낌이 드는가? 강의도 마찬가지다. 차가운 얼음 같은 관계를 깨고 청중과 친밀감을 형성하고 그들이 편안함을 느끼도록 한 후에 강의를 시작하는 것이 좋다. 강의가 시작되기 전부터 강의가 끝날 때까지 불편함이 없어야 청중이 강의에 집중할 수 있다. 따라서 강의 시작 전 강의실 환경을 쾌적하게 조성하는 것도 중요하다.

아이스브레이크 시 최대한 청중을 활동적으로 만들어야 한다. 강의실을 뛰어다니게 만들라는 것이 아니다. 청중을 크게 웃게 하거나 강의에 참여하게 만들라는 뜻이다. 강의 주제와 관련된 것을 이용해 강의의 서론 부분에 자연스럽게 연결하면 더욱 좋겠지만, 강의 주제와 상관없더라도 청중이 즐거워할 수 있는 것이면 뭐든 상관없다. 한바탕 웃고 움직인 청중은 재미와 흥미를 느끼기 때문에 강의에 더욱 집중하고 최대한 강사의 이야기를 들어주려 한다.

앞에서 예를 들었던 박남기 교수처럼 자신의 외모를 가지고 농담을 할 수도 있고, 간단한 게임이나 퀴즈를 이용할 수도 있다. 게임이나 퀴즈의 경우 소정의 선물을 준비하면 더욱 좋다. 선택한 방법을 강의 장소에서 진행 가능한지 사전에 파악해야 한다는 점을 꼭 기억하라. 또 얌전하고 조용한 분위기보다는 청중이 들뜨고 소리를 높일 수 있는 분위기를 만들어야 한다.

처음 만난 40~50대 주부들을 대상으로 하는 강의를 진행한 적이 있었다. 40~50대 주부들에게 어렵지 않으면서도 이해하기 쉬운 난센스 퀴즈로 아이스브레이크를 했다. 난센스 퀴즈를 잘 이해하지 못할 수도 있는 사람들을 위해 두 개 정도의 문제를 예로 들어 함께 풀면서 이해를 도왔다. 그러면서 맞히는 사람에게는 선물을 주겠다며 더욱 적극적인 참여를 유도했다. 퀴즈는 누구나 쉽게 풀 수 있는 것이 아닌, 그야말로 센스로 맞혀야 하는 것이었다. 때문에 깊게 고민하는 사람도 있는 반면, 선물을 받겠다고 목청이 터져라 "저요, 저요"하며 손을 들고 답을 하는 사람도 있었다. 정답이 아니라는 말에 아쉬워도 하고, 퀴즈를 맞히고 환호하기도 하며 강의 전 시끌시끌하고 재미있는 시간을 가졌다. 그랬더니 청중은 본 강의에도 집중하며 잘 들어줬다. 반면 손가락 접기 게임으로 아이스브레이크를 진행한 적도 있는데, 청중이 너무 조용하게 손가락만 접고 있어서 난센스 퀴즈를 할 때보다는 반응이 약했고 조금은 싱겁게 끝났다.

아이스브레이크 사례들은 인터넷 검색을 통해서도 쉽게 찾을 수 있다. 청중이 적극적으로 참여해 재미를 느낄 수 있는지, 청중이 이해할 수 있는지, 강의실에서 진행이 가능한지 꼼꼼히 따져보고 준비해야 한다.

망치는 강의를 알아야 망치지 않을 수 있다

한 번이라도 강의를 해본 사람은 안다. 준비한 내용들을 중간에 잊어버려 실수했다거나 기기 문제로 곤란을 겪은 것이 망친 강의가 아니라는 것을.

망쳤다는 기준은 오로지 '청중의 반응'으로 파악해야 한다. 준비한 내용을 잊어버렸더라도, 기기 문제로 강의 중간에 곤란을 겪었더라도, 청중의 반응이 강의 중에, 또 강의 후에 좋았다면 그것은 성공한 강의로 봐도 좋다. 반면 강의를 끝마치고 청중에게 "여러분. 오늘 제 강의 어땠나요, 좋았나요?"라고 질문해 "네, 좋았어요"라고 청중이 답했다고 해서, 또 강의를 준비한 대로 실수 없이 잘 말했다고 해서 성공한 강의라고 볼 수는 없다.

한번 강의를 망치게 되면 트라우마 때문에 강의가 두렵고 공포를 느끼게 된다. 또 강의에 대한 경험이 전혀 없다면 '강의를 망치지 않을까' 하는 두려움 때문에 강의를 시작하기 전까지 떨리는 긴장감에 심지어는 그것이 심한 스트레스로 이어지기까지 한다.

강의를 망칠까봐 두렵다면 망치는 강의가 무엇인지 제대로 알고 그 부분에서만큼은 실수하지 않도록 사전에 철저히 준비해야 한다.

반응 1 🌂
분명 재미있게 들었는데 무슨 강의를 들은 거지?

강사 중에는 언변이 뛰어난 사람들이 많다. 심지어 유머감각까지 갖춰 익살스런 표정과 몸짓 연기로 강의를 시작해 처음부터 끝까지 청중의 배꼽이 달려 있는 것을 허락하지 않고 연신 웃겨댄다. 나 역시 그런 강의를 들으면 '정말 강의가 재미있다'며 몇 시간 동안 즐기다 오기도 한다. 그렇게 재미에만 의미를 둔다면 그 강의는 성공한 것일지도 모른다. 하지만 그 강의는 기억되지 못했다. "내가 오늘 굉장히 재미있는 강의를 들었구나. 근데 오늘 그 강사가 전하려는 핵심이 뭐였더라?" 즐겁게 웃고 즐겼던 것 같기는 한데 무슨 메시지를 전달하려고 했는지, 아무리 생각해도 강의의 주제조차도 파악하지 못한 경우도 있다.

강의 내내 웃느라 강의 주제를 청중이 알아채지 못한 것일까? 어떤 이유에서든 청중이 알아채지 못했다는 것은 청중의 탓이 아닌 강사의 탓이다. 강의 내내 쉴 틈 없이 웃음을 유발하고 그 웃음에 청중이 정신 차리지 못할 정도였다고 하더라고 강사가 전달하려는 핵심과 메시지만큼은 청중이 정확히 알아야 한다. 몇 시간 동안 떠들었는데도 청중이 강사의 메시지를 전혀 알지 못했다면 제대로 강의를 기획하고 준비하지 않은 것이며, 그 강의는 망친 강의와 다름없다. 청중이 들은 내용을 한 마디로 요약할 수 있어야 제대로 된 강의라고 할 수 있다.

반응 2 🐦
횡설수설, 대체 무슨 소리를 하는 거지?

경험이 적은 초보 강사들은 강의 중에 준비한 내용을 잊어버리거나 극도의 긴장감으로 발음이 꼬이고 호흡이 불안정해지면서 목소리가 떨려 말의 전달력이 떨어지는 경우가 많다. 이는 꼭 초보 강사들만의 문제는 아니다. 아무리 전날 밤늦게까지 수없이 리허설을 하고 완벽하게 준비해도 막상 현장에서는 여러 변수들이 생기기가 쉽다. 또 베테랑 강사라 할지라도 어쩔 때는 뒤죽박죽 강의를 하기도 하고 강의 내용을 잊어버리기도 하는데 그러면 횡설수설할 수밖에 없다.

방향을 잃어버린 강의, 단기 기억상실증을 겪는 강사. 이 두 가지를 모두 해결할 수 있는 방법이 있다. 바로 시각화자료, PPT 자료를 만드는 것이다. PPT 자료는 중간에 다른 길로 빠져 산으로 가는 것을 방지할 수 있다. 또 청중은 PPT 자료를 보며 전체적인 흐름을 이해할 수 있고, 백문이 불여일견이라는 말처럼 말로만 듣는 것보다 눈으로 봄으로써 쉽게 이해할 수도 있다.

강사의 입장에서 PPT는 대놓고 보는 커닝페이퍼가 되기도 한다. 그렇다고 잊어버릴 것을 염려해 너무 많은 텍스트를 PPT 안에 넣는다면 청중은 강사를 바라보며 강의를 듣기보다는 PPT에 적힌 글을 읽어 내려가기 바빠질 것이다.

PPT 자료는 반드시 기획 단계에서 철저한 분석과 연구를 통해 제작해야 한다. 최대한 간결하고 보기 좋으면서도 전체적인 흐름을 이해할 수 있도록 만들어야 한다. PPT 자료를 제작하는 법에 대해서는 3장에서 더욱 자세히 다루도록 하겠다.

반응 3 🌳
너무 지루해

망치는 강의 중에 가장 큰 부분을 차지하는 것은 청중이 너무 지루해했다는 것이다.

학창시절 선생님이 수업하는 중에 군것질하는 친구, 조는 친구, 딴짓하는 친구를 귀신같이 잡아낸 것에 놀라지 않을 수 없었다. 모두 은밀하게 하는 행동들이었기 때문이다. 강사라는 직업을 갖고 사람들 앞에 서 보니 "앞에 서면 다 보여"라는, 아직도 뇌리에 생생한 선생님의 말씀을 이해할 수 있었다. 정말 앞에 서 보니 다 보였다. 청중의 표정 하나하나까지. 처음 강단에 섰을 때 긴장감에 떨렸던 기억이 있다. 그렇게 떨려서 앞이 캄캄하고 아무것도 보이지 않을 줄 알았는데 너무도 잘 보였다. 표정이 굳어 있거나 호의적으로 보이지 않은 청중이 있는 곳은 아예 바라보고 싶지 않을 정도였다.

당신이 초보 강사든 경력이 많은 강사든, 청중 앞에 섰을 때 청중의 표정과 분위기를 파악할 수 있다. 파악하지 못하면 곤란하다. 파악하려고 노력해야 한다. 강의 중간중간 계속 청중의 분위기를 파악하면서 조는 청중이 있거나 지루해하는 모습을 보게 된다면 순발력 있게 진행하던 강의를 자연스럽게 멈추고 스팟(짧은 시간 내에 청중의 주의를 집중시켜 적극적이고 긍정적인 참여를 유도해 지루함을 없애는 기술)을 하는 등 다시 흥미를 찾고 강의에 집중할 수 있도록 유도해야 한다.

보통 초보 강사들은 강의 경험이 많지 않기 때문에 준비한 강의를 전달하기에도 바빠 순발력 있게 상황에 맞춰 대처하지 못할 수 있다. 그렇다면 미리 준비하는 것이 좋다. 성인은 학습 시 집중할 수 있는 시간이 10~20분밖에 되지 않는다. 그래서 강의 기획 시 이러한 점을 고려해 청중들이 재미와 흥미를 느낄 만한 것을 10분마다 PPT에 폭탄처럼 설치하는 것이다. 말보다는 시각 자료가 더 다양하게 재미를 줄 수 있기 때문에 시각 자료를 활용해야 한다.

강의가 지루해지는 것은 꼭 강의 내용에 흥미를 느끼지 못해서만이 아니다. 강의 내용이 이해가 가지 않는다거나 강사가 어려운 용어를 반복해서 사용한다거나 강사의 목소리가 작아 그것을 듣기 위해 청중이 에너지를 쏟다가 지쳐버리는 경우도 강의가 지루할 수 있다. 따라서 강의를 망치지 않기 위해서는 강사는 탄탄한 콘텐츠, 강의를 기획할 수 있는 '기획력', PPT를 비롯한 각종 자료를 제작할 수 있는 '개발력', 또 청중에게 제대로 잘 전달할 수 있는 '스피치력'을 갖춰야 한다.

지금까지 강사의 역할, 학습자의 특성을 파악하고 그에 맞게 가르치는 법, 청중의 마음을 여는 법, 망치지 않는 강의를 하는 법에 대해 다뤘다. 이 모든 내용을 한마디로 정리해 이야기한다면 강사는 '갖춰야' 한다는 것이다. 제대로 갖추면 어떠한 강의 무대도 떨림보다는 자신감을 바탕으로 한 '설렘과 두근거림'으로 강의할 수 있게 된다.

준비된 강사는 떨리기보다 설렌다

연설가인 릴리 월터스(Lily Walters)는 "연설 공포는 마음의 준비를 통해 10%, 심호흡을 통해 15%, 사전 준비와 연습을 통해 75% 정도 극복된다"라고 했다. 나 역시 이 말에 동감한다. 강의전 철저한 준비와 연습을 하다 보면 '이 정도면 완벽해'라는 느낌을 받게 된다. 그 순간부터 자신감을 얻게 되고 내일의 강의가 걱정되기보다는 완벽하게 준비된 내가 빨리 청중 앞에 서서 강의하는 내일이 오기를 설렘으로 기다릴 수 있다.

강의가 떨리지 않고 기다려지는 이유 🎤

내가 중학교 1학년 때의 일이다. 국어 선생님은 수업을 시작하기 전에 반 아이들이 한 명씩 돌아가며 3분 스피치를 하게 했다. 주제와 내용은 발표자가 정하는 것이었고 노래나 재미있는 이야기 등 제한을 두지 않았다. 반 아이들은 자신의 순번이 다가오

면 뭘 해야 할지 고민도 되고 친구들 앞에서 말하는 것이 쑥스럽
고 긴장되는 탓에 3분 스피치를 싫어했다. 어릴 적부터 다른 아이
들에 비해 말을 잘하는 편이라 자부했던 나도 3분 스피치는 하고
싶지 않았다.

어떤 날에는 3분 스피치가 있는 당일에 급히 노래를 준비했는
데 가사를 다 외우지 못해 시간이 다가올수록 걱정이 되어 가슴이
두근거리고 떨렸다. 아프다고 거짓말을 하고라도 조퇴를 하거나
양호실에 눕고 싶은 심정이었다. 그날 나는 걱정한 대로 노래가사
를 잊어버려 아이들의 놀림을 받으며 3분도 채우지 못하고 공포
의 스피치를 마쳐야 했다.

그 이후 또 내 차례가 돌아오자 이번에는 꼭 실수하지 않겠노
라 다짐하며 준비를 철저히 하기로 했다. 서점에 가서 유머에 관
련된 책을 샀는데, 너무 재미있는 이야기들이 많았다. 이 재미있
는 이야기들을 친구들과 선생님에게 3분 스피치로 빨리 들려주며
지난번의 실수를 만회하고 싶었다. 그날 밤은 그런 설렘 때문에
두근거려 잠이 오질 않았다.

제대로 준비하지 않아 걱정으로 떨렸던 경험과, 철저한 준비
와 연습으로 자신감이 생겼던 경험을 떠올려보자. 강의 역시 마찬
가지로 제대로 갖춰져 있다면 두려움보다는 설렘으로 시작할 수
있다.

준비는 아무리 해도 지나치지 않다 🔈

떨린다는 부정적인 긴장감은 대부분 자신이 없기 때문에 생기는 경우가 많다. 그것은 대부분 준비가 부족하기 때문이다. 스스로가 강의 전날까지 준비를 게을리한 사실이 혹시 들키지는 않을까 노심초사하게 되며 더욱더 긴장될 수밖에 없다.

나는 판매직원 교육 때 수십 번 이상 강의했던 같은 제품으로 강의를 한다 하더라도 강의 전날 그리고 강의가 시작되기 전까지 리허설까지는 아니더라도 여러 번 PPT의 내용과 순서를 확인하는 시간을 갖는다. 슬라이드를 보지 않고 강의를 진행하면 슬라이드를 정확히 기억하지 못하는 경우가 있어 중간중간에 작은 실수들이 발생하고, 강의 흐름이 매끄럽지 못해서 강의 진행 시 집중력이 떨어지기 때문이다. 그럴 때면 내 강의를 매달 듣는 직원들은 강의가 다른 달에 비해 다소 미흡하다는 것을 바로 느낀다.

꼭 내 강의를 자주 들었던 직원들이기 때문에 준비가 미흡했다는 것을 느끼는 것은 아니다. 처음 당신의 강의를 듣는 청중이라 해도 마찬가지다. 당신은 절대로 청중을 속일 수 없다. 제대로 준비하지 않아 하는 실수들을 청중은 귀신같이 꿰뚫어 보고 있다는 것을 명심하라. 최고의 명강사, 프로 강사는 수십 년의 경력과 수천 번의 강의 경험을 가진 강사가 아니라 바로 청중이라고 해도 과언이 아니다. 그들이 당신의 강의를 제대로 평가하는 강의 심사위원이다.

당신의 강의를 들을 청중을 위해 철저하게 준비하라. 앞에서도 언급한 바 있지만 청중은 당신의 강의를 듣기 위해 복잡한 교통수단을 이용하고 다른 약속들을 모두 취소하기도 하며 귀한 시간을 내고 오는 고마운 사람들이다. 그들의 감사한 마음을 배신하지 않도록 해야 한다.

만약 많은 준비와 연습을 했다면 강의를 시작하는 처음은 떨리더라도 어느 순간 불안한 강의가 아닌 자연스럽고 익숙한 강의를 하고 있는 자신을 발견하게 되면서 긴장감이 사라지고 편안해지는 것을 느낀다. 내가 여러 번 무대에서 한 경험이다. 강의 중 돌발 상황이 발생한다 해도 이미 많은 연습이 돼 있다면 순발력 있게 대처할 수 있는 능력 또한 가질 수 있다.

철저한 준비는 돌발 상황도 막아준다 🎤

베스트셀러 《언어의 온도》, 《말의 품격》의 저자 이기주 작가의 강연을 들은 적이 있다. 그가 '침묵'에 대한 이야기를 하며 슬라이드를 넘기려는데 기기에 문제가 생겨 화면이 정지됐다. 그때 그는 당황하지 않고 "컴퓨터도 침묵하고 싶은가 봐요" 하며 재치 있게 실수를 넘겼다. 실수였으나 실수처럼 보이지 않게 자연스럽게 넘어간 그는 프로처럼 보였다.

그날 작은 실수가 있었다는 것을 기억하는 청중이 있을까? 직업병 때문에 나는 이기주 작가가 강연을 진행하는 동안 강연 요소 하나하나를 평가하고 있었고, 그래서 기기 문제가 생겼을 때 그가 굉장히 '순발력과 재치가 뛰어난 강연가'라는 생각이 들었다. 때문에 그날의 에피소드를 기억하고 있다. 하지만 이기주 작가가 전하는 메시지를 집중해 들었던 보통의 청중 중에는 그 사실을 기억하거나 강연 중에 실수가 있었다고 눈치챈 이는 거의 없을 것이다.

철저한 준비와 연습은 돌발 상황에서도 전혀 당황하지 않게 만들어주고, 자신감과 여유로움마저 느껴지게 만든다. 완벽해질 때까지 준비하고 연습하라. 강의를 피하고 싶은 두려움이 아닌 내일의 강의 시간이 빨리 오기를 바라는 설렘을 가질 수 있게 하고 무대에 당당하게 설 수 있다.

몸과 마음의 긴장을 푸는 프로 강사의 TIP

스트레칭하기

몸 전체를 늘리듯 쭉쭉 펴준다. 또한 긴장하면 어깨가 목과 붙는 경우가 많다. 어깨를 으쓱 최대한 목 쪽으로 올린 후 툭 하고 떨어뜨리기를 10회 반복한다.

얼굴 근육 풀기

'익스'라는 단어를 천천히 또박또박 발음한다. '익'자를 발음할 때 목의 근육을 당기고 입꼬리를 최대한 귀 쪽으로 당긴다. 또한 양 볼에 번갈아가며 바람을 넣어주고 입을 크게 벌렸다 오므리기를 반복한다.

혀와 목 풀기

긴장을 하면 발음이 꼬이는 경우가 많다. 치아로 혀를 누르듯 씹어주고, '아르르르르~' 하며 혀를 떨어준다. 목소리를 내기보다 혀 자체의 움직임에 집중한다. 아침에 강의할 경우 목이 잠겨 있는 경우도 많으니 목도 풀어준다.

복식호흡하기

눈을 감고 배로 호흡한다. 코로 숨을 들이쉴 때는 배가 앞으로 나오도록 하고 내 쉴 때는 배가 들어가며 입으로 내쉰다. 오로지 배로만 숨을 쉬며 여러 번 천천히 반복한다. 어깨가 올라가지 않도록 하고, 긍정적인 생각으로 마음을 편안하게 한다.

가벼운 음식 섭취하기

공복 상태에서 강의하기보다는 강의 1시간 전에 가볍게 음식을 섭취한다.

목을 건조하게 하는 스낵이나 쿠키는 먹지 않는 것이 좋다.

미지근한 물 준비하기

말을 많이 하다 보면 강의 중에 갈증이 나기도 하고 목이 건조해지기도 한다. 강의 중에도 손을 뻗어 쉽게 물을 섭취할 수 있는 곳에 물을 놓아두고 강의 중에 입이 마를 때 마시는 것이 좋다.

카페인 섭취 줄이기

카페인 때문에 가슴 두근거림이 심해질 수 있다. 따라서 강의 전에는 커피나 핫초코 등 카페인이 많이 함유된 음료를 삼간다.

편안한 옷과 신발 착용하기

강의하다 보면 몸을 움직이고 제스처를 사용하면서 말하게 되는데 이때 옷이 불편하면 강의 중에 방해받아 집중력이 흐트러진다. 강사의 움직임이 자연스럽지 못하면 보는 청중 역시 불편함을 느낀다.

강의실에 1시간 전 미리 도착하기

강의실에 여유롭게 도착해 낯선 환경에 적응하고 PPT 화면을 띄워 강의 준비를 해둔다. 또한 미리 오는 청중과 친밀감을 형성해 그들을 내 편으로 만들어둔다.

오늘 강의를 잘할 수 있다는 긍정적인 생각과 자신감 갖기

강의의 성패는 강의 기획에서 결정된다

2장

훌륭한 프레젠터라도
강의를 잘하기는 쉽지 않다

훌륭한 프레젠터라도 반드시 강의를 잘하는 것은 아니다. 프레젠테이션과 강의는 사람 앞에서 말한다는 점, 누군가를 설득한다는 면에서 비슷한 점이 많다. 하지만 프레젠테이션은 일방적으로 상대에게 정보를 전달하는 것으로 혼자만 잘하면 되는 일인 반면, 강의는 강사와 청중이 소통하는 쌍방향 커뮤니케이션이다.

소통의 중요성을 이야기하는 작가와 강사들이 많다. 이들은 저마다 소통에 대한 자신만의 정의를 내린다. 나는 소통을 이행시로 '소중한 관계는 통하는 데서부터 시작된다'라고 정의하겠다. 통하기 위해서는 소중한 관계가 돼야 하고, 거꾸로 소중한 관계가 먼저 돼야 통할 수 있다. '쌍방 소통강의'를 만들기 위해, 청중과 통하기 위해, 청중과 소중한 관계가 되기 위해 어떻게 해야 할까?

소통하기 위해서 KFC하라	
Know	청중을 정확히 알기
Familiar	청중과 친밀감 쌓기
Capability	강의 능력을 쌓기

Know, 청중이 원하는 것을 알아야 한다 🌱

강사가 청중과 소통하기 위해서는 먼저 알아야 한다. 무엇을? 당연히 청중을 알아야 하지 않겠는가. 강의를 시작하기 전에 강사는 어떤 내용으로 강의를 할까 고민한다. 그 고민은 오로지 청중을 위한 것이어야 한다. 즉 자신이 어떤 강의를 할 것인지 고민하는 것이 아니라 청중에게 어떤 이야기를 들려줄 것인가를 고민해야 한다.

미국의 현대경영학의 창시자이자 작가인 피터 드러커(Peter Ferdinand Drucker)는 "의사소통에서 제일 중요한 것은 상대방이 말하지 않은 소리를 듣는 것이다"라고 했다. 말하지 않은 소리를 들으라니 꼭 무슨 초능력이 있어야 한다는 것처럼 들리지만 이는 상대방이 원하는 것을 미리 알아야 한다는 뜻이다.

가능하다면 강의 전에 미리 청중을 만나 그들의 관심사를 묻고 어떤 강의가 삶에 도움이 되는지 인터뷰하는 게 좋다. 하지만 그럴 기회를 얻기는 쉽지 않다. 보통 기업 강의의 경우 교육담당자가 원하는 주제를 알려준다. 즉 청중이 아닌 교육담당자와 강의를 기획해야 한다. 그렇다면 끊임없이 스스로 다음과 같이 질문해야 한다.

"내 강의를 왜 청중이 들어야 하는가?"

"내 강의에 청중이 재미와 흥미를 느낄 수 있는가?"

"내 강의에서 청중이 무엇을 얻을 수 있는가?"

어떻게 하면 청중이 원하는 것을 읽어낼 수 있는지 팁을 하나 제시하겠다. 화장품의 거리 명동에는 외국인 관광객이 많다. 이들은 화장품 쇼핑을 하기 위해 매장 안으로 들어와 제품을 구경하기 위해 큰 캐리어를 이리저리 끌고 다닌다. 이때 서비스 우수 직원이라면 "고객님, 쇼핑하시는데 캐리어 때문에 많이 불편하시죠? 괜찮으시면 캐리어를 안전하게 카운터 쪽에 보관해드려도 될까요?"라고 말한다.

서비스 우수 직원은 어떻게 고객이 말하지 않아도 그 마음을 읽을 수 있을까? 이들이 고객을 응대하는 것을 지켜보면 하나같이 고객에 대한 사랑이 있다. 사랑하는 마음으로 고객을 바라보니 고객 본인조차 알아채지 못했던 불편함도 그들의 눈에는 보이는 것이다.

강의도 이와 마찬가지다. 청중을 사랑하는 마음으로 그들이 듣고 싶어 하는 이야기가 뭔지 고민하다 보면 의외로 쉽게 답을 찾을 수 있다. 강사가 자신들을 대하는 태도에서 사랑을 느끼면 청중 역시 자연스럽게 마음의 문을 열고 강의를 듣는다.

Familar, 청중과 친밀해져라 🎯

청중과 소통하는 강의를 하려면 친밀감을 형성해야 한다. 앞에서도 청중은 마음이 열려야 귀와 눈을 내어준다는 이야기를 한 바 있다. 일단은 서로 경계를 풀고 편안하고 친밀한 사이가 돼야 청중은 강의를 듣고 싶은 마음이 든다. 그러면 강사는 원하는 대로 청중을 움직이며 그들과 소통할 수 있다. 청중이 마음을 닫고 있으면 소통은 당연히 이루어질 수 없다.

뛰어난 강사는 처음 만난 청중과도 빠르게 친해진다. 강사와 친해진 청중은 강사의 편에 서서 강의 내내 응원하고 지지한다. 또 강의 중에 강사가 질문하면 대답도 잘해주고 강사를 따뜻한 눈빛으로 바라보며 강의를 듣는다. 청중이 강의를 호의적으로 들어야 소통이 가능해지므로 친밀감을 형성하는 것은 중요하다.

Capability, 실력을 갖춰라 🎯

이 지점이 아무리 훌륭하고 뛰어난 프레젠터라도 강의를 잘할 수 없는 이유다. 앞에서 다룬 Konw, Familar는 프레젠터들도 갖추고 있는 것들이다. 하지만 프레젠터가 가진 스피치력과 강의구성력, 순발력에 더해 강사는 '가르치는' 능력이 있다.

가르치는 행위는 마크 트웨인(Mark Twain)의 말을 인용하자면 '알지 못하는 것을 알려주는 것이 아니라 행동하지 않는 사람에게 행동하게끔 만드는 것'이다.

프레젠터도 운동법을 얼마든지 설명할 수 있지만 이건 발표에 불과하다. 강사는 이것을 뛰어넘어 운동에 전혀 관심이 없던 청중이 헬스장까지 스스로 갈 수 있게 이끌어준다. 타인이 변화하도록 만드는 일은 쉽지 않은 일이다. 가르치는 능력, 타인의 행동 변화를 이끄는 능력을 갖춰야 한다. 이는 프레젠터를 무시하는 발언이 아니니 오해하지 말기 바란다. 프레젠터가 강사보다 능력이 부족해서가 아니라 프레젠터로서 발표를 하는 목적이 강사의 강의 목적과 다르다는 이야기를 하는 것이다.

간혹 경력이 많은 강사 중에도 발표 같은 강의를 하는 경우가 있는데 강사는 프레젠터가 아니라 청중의 변화를 이끌어내는, '가르치는' 사람이어야 한다.

이겨놓고 싸우려면 제대로 분석하라

승변선승이후구전 勝兵先勝而後求戰.

승리하는 군대는 먼저 승리를 확보하고 난 후 전쟁에 임한다는 뜻이다. 싸워서 이기려고 하지 말고, 승리를 확보한 후에 승리를 확인하러 전쟁에 들어가야 한다.

강의를 전쟁으로 본다면 청중은 적이다. 바로 앞에서 청중을 사랑해야 한다고 해놓고는 갑자기 청중을 적으로 보라고? 청중은 적이 아닌 사랑해야 하는 것이 맞다. 혼란스러워하지 않길 바란다. 성공적인 강의를 위해서는 청중을 제대로 파악하고 강의해야 한다는 뜻이다. 이는 앞에서도 여러 번 다뤘던 내용이다.

승리하려면 어떻게 해야 할까? 결국 정보다. 적은 물론이고 전장의 환경 등 정보를 많이 알수록 전쟁에서 유리해지고 승리를 확보할 수 있다.

강의 역시 마찬가지다. 강의를 진행하는 모든 요소를 속속들이 최대한 많이 알아야 성공적인 강의를 할 수 있다. 성공적인 강의를 위해서는 철저한 분석이 필요하다. 분석할 때는 3P분석 기법을 가장 많이 활용한다. 3P는 People(청중), Purpose(목적), Place(장소)를 말한다.

People, 청중을 분석하라, 최대한 자세하게 🎯

가장 먼저 분석해야 할 것은 앞에서도 여러 번 다뤘던 청중분석이다.

성별, 연령, 학력, 직업, 직급, 이전에 들은 강의 같은 기본적인 정보부터 강점, 약점, 개성, 능력, 흥미, 관심거리 같은 정보도 파악해야 한다. 기업 강의를 할 때는 회사의 긍정적인 이슈, 제품 등을 알고 가야 한다. 청중의 수도 중요한 변수다. 청중이 어떤 문제점을 가지고 있고 무엇을 희망하는지도 파악하도록 한다. 청중에 대해서 최대한 많은 것을 파악하고 분석해 강의를 준비하면 청중의 입장에서는 공감되고 이익을 얻을 수 있는 콘텐츠로 의미 있는 강의시간을 보낼 수 있고, 강사의 입장에서는 청중을 만족시키고 청중의 행동을 변화하도록 제대로 가르치는 성공적인 강의를 할 수 있다.

기업이나 기관의 교육 시 교육담당자가 정해진 주제를 던져주며 강의 진행을 요청하는데 이때 교육담당자의 요구만을 생각해서는 안 된다. 간혹 강사 중에는 교육담당자의 말만 듣고 교육담당자가 하자는 대로 강의를 진행하는 경우가 있다. 하지만 강의는 교육담당자 한 명이 아닌 청중을 대상으로 한다. 교육담당자의 말만 듣고 강의하면 청중을 설득하고 행동 변화를 돕는 게 아니라 잔소리가 되기 십상이다. 교육담당자가 강사에게 강의를 요청하는 이유가 '직원들이 부족해서 가르쳐야 한다'라는 생각이라면 더욱 그렇다. 진짜 청중의 요구에 대한 실마리는 청중 분석에서 찾을 수 있다. 때문에 철저한 분석과 연구로 청중과 교육담당자 양쪽 모두를 만족시키는 강의를 해야 한다.

Place, 전쟁터를 알아야 전쟁에서 이긴다 📍

아무리 강사가 뛰어난 기획력과 좋은 콘텐츠를 가지고 강의를 준비했다고 할지라도 강의 환경이 좋지 못하면 성공적인 강의를 하기가 어려워진다. 마이크의 음량상태가 좋지 않다거나, 방음시설이 제대로 되어 있지 않아 시끄러운 상태로 청중도 강사도 집중할 수 없는 분위기거나, 빔 프로젝터가 낡아 화면상태가 고르지 못하는 등 강의실의 문제들을 사전에 정확히 파악하고 미리 문제들을 해결한 상태에서 강의가 진행돼야 한다.

가장 좋은 방법은 강의 전 미리 강의실에 가서 파악하는 것이 좋지만, 그렇지 못한 상황에서는 담당자에게 꼼꼼한 확인을 부탁하거나 만일을 대비해 강사가 직접 강의에 필요한 도구들을 챙겨가는 것이 좋다.

강사는 자신의 노트북과 포인터를 가지고 다녀야 한다. 준비한 PPT 자료가 강의실 컴퓨터의 PPT 프로그램 버전과 맞지 않아 글씨가 깨지거나(글씨를 깨지지 않게 하는 법은 나중에 따로 설명하도록 하겠다) USB가 강의실 컴퓨터에서 인식을 못하거나 인터넷이 되지 않아 준비한 자료를 다운받을 수 없는 당황스러운 상황들은 언제나 발생할 수 있다. 그러니 아무것도 믿지 말고 노트북을 들고 다녀라. 포인터도 당신에게 익숙한 늘 사용하던 것으로 사용하는 것이 좋다.

마이크가 무선인지 유선인지 체크하고 가능하다면 무선 마이크를 준비해달라 요청한다. 유선 마이크는 강사의 움직임을 방해하기 때문이다. 또 간혹 연극무대처럼 꾸며진 강의실의 경우 조명을 쏘면 눈부심 때문에 강사가 청중의 얼굴을 볼 수 없다. 눈을 맞추지 않고 강의하는 건 실패한 것이나 다름없기 때문에 사전에 조명을 조절해야 한다. 그 외에도 책상과 의자의 배열, 스크린의 위치, 전기선(노트북 연결 시), 냉난방 등을 체크한다.

담당자와 의사소통을 할 때는 통화보다는 메일로 하자. 말로 의사를 주고받으면 실수가 발생할 수 있다. 일정, 장소, 요청사항 등등 모든 것을 서류상으로 주고받아야 정확하다.

Purpose, 내가 이 강의를 통해 하고 싶은 말을 명확히 하라 🕐

강의의 목적에는 강사가 강의를 하는 목적과 청중이 강의를 듣는 목적 두 가지가 있다. 이 둘을 함께 분석해야 한다. 강의를 하는데 목적이 없다면 목적지 없이 떠도는 배와 같다. 목적지 없이 항해하는 배와 같은 강의는 횡설수설 강의, 잡담하는 강의처럼 느껴진다. 청중은 그러한 강의에 '대체 무슨 이야기를 하는 거지?', '그래서 하고 싶은 이야기가 뭐야?'라는 싸늘한 반응을 보일 것이다. 강의의 목적은 강의 목표와 함께 네 번째 꼭지에서 자세히 다루겠다.

이겨놓은 강의로 무대에 서라. 이겨놓고 싸우려면 분석해야 한다. 강의전쟁은 무대에 오르는 순간 시작되지 않는다. 강의전쟁은 이미 분석의 단계부터 시작된다. 얼마나 철저히 분석하느냐에 따라 강의의 성패가 결정된다.

유능한 강사는 모방하되 절대 훔치지 않는다

미국의 정치가이자 교육자인 토머스 제퍼슨(Thomas Jefferson)은 "인간은 모방하는 동물이다. 이 특질은 모든 배움의 근원이다. 인간은 요람에서 무덤까지 남이 하는 것을 보고 그대로 하기를 배운다"라고 했다.

하늘 아래 새로운 것은 없다. 강의도 마찬가지다. 욕심을 내는 강사들은 다른 강사들과 차별화된 강의를 하기를 원한다. 하지만 혼자 머릿속으로 떠올리는 것이 쉽지는 않다. 오로지 자신의 생각을 쥐어짜는 강사는 없다. 강의를 요청받았을 때 가장 먼저 모든 강사들은 관련 주제를 인터넷에 검색하는 일부터 한다. 이때 강사는 두 종류로 나뉜다. 모방강사와 표절강사.

모방은 다른 사람의 창작물을 본떠서 나름의 방식으로 재창조하는 것을 말한다. 표절은 다른 사람의 저작물의 일부 또는 전부를 몰래 따다 쓰는 행위를 일컫는다. 결론부터 말하자면 모방강사는 돼도 표절강사가 되면 안 된다.

표절의 유혹에 넘어가지 마라 ☂

남의 것을 그대로 베껴 마치 자기 것처럼 꾸미면 탈이 나기 마련이다. 어떤 강사는 다른 이가 했던 말, 명언 등을 자신이 말한 것처럼 이야기하기도 한다. 그러면서 '에이, 모를 거야. 베꼈는지 어쨌는지 어떻게 알아?' 하며 청중을 무시한다. 이런 강사야말로 질이 나쁜 강사다. 강사는 청중보다 뛰어난 사람이 아니다. 청중이 모를 거라는 생각은 버려야 한다. 철 지난 유행어긴 하지만 "조사하면 다 나온다."

한 연예인은 방송에서 자신이 대통령을 만나 너무 당황한 나머지 대통령을 '전하'라고 불렀다는 에피소드를 방송에서 이야기하며 큰 재미를 줬다. 하지만 그의 일화로 인해 많은 항의가 방송국 게시판에 빗발쳤다. 유명 라디오 프로그램의 청취자 사연을 그대로 베껴 마치 자기 이야기인 것처럼 말했기 때문이다. 그는 곧 머리 숙여 사죄해야만 했다. 베끼면 반드시 뿌린 대로 거두게 된다.

누군가의 강의를 그대로 베끼면 당장은 쉽게 갈 수 있을지 모르지만 멀리 봤을 때는 강사 스스로의 성장 기회를 스스로 박탈하는 일, 강사의 생명을 단축시키는 일이라고 할 수 있다. 편한 직선 도로만을 운전하기를 바라다가는 구불거리는 도로를 맞닥뜨렸을 때는 능력부족으로 사고가 발생할 수밖에 없다. 남의 것만 베낀 짜깁기 강의를 하다 예상치 못한 청중의 난이도 높은 질문을 받으면 답을 하지 못하거나 동문서답을 하는 경우를 종종 본다.

남의 것을 내 것처럼 속이는 이유는 소위 '멋있어 보이고 싶어서'인 경우가 많다. 하지만 강사가 스스로 멋진 명언을 만들지 않고 남의 것을 인용한다고 해서 청중들이 그를 모자란 강사로 생각하지는 않는다. 오히려 준비를 많이 한 강사, 이것저것 많이 아는 박학다식한 강사로 평가할 수도 있다. 내가 했든 남이 했든 그건 중요하지 않다. 청중은 강사가 멋진 명언을 할 줄 안다고 해서 그를 강의 잘하는 사람으로 평가하지는 않는다는 것을 명심하라.

남의 것을 내 것으로 만들어라 ⬆

모방은 남의 것을 그대로 베끼는 표절과는 다르게 남의 것을 본떠서 나름의 방식으로 '내 것'으로 만드는 재창조의 과정이다.

모방은 결코 쉽지 않다. 귀찮고 시간이 오래 걸린다. 끊임없는 공부가 필요하다. 강사는 강사 타이틀을 달고 있는 한 쉼 없이 공부해야 한다. 나 역시 강사라는 직업을 가진 후부터 일생에서 가장 열심히 공부하고 있다. 가끔 지인들에게 우스갯소리로 "진작 이렇게 공부했으면 서울대는 물론 하버드대도 갔을 것이다"라고 말한다. 그만큼 많은 공부를 해야 하는 직업이 강사다. 전문가가 돼야 청중 앞에 설 수 있기 때문이다. 이쯤에서 당신 스스로에게 질문해보라. 당신은 누군가에게 도움을 주기 위한 전문가로서 지금 이 순간에도 배움을 위해 끊임없이 노력하는가?

상어는 부레가 없다. 부레는 물고기가 수중에서의 상하 이동을 조절할 수 있게 돕는 공기주머니다. 상어는 부레가 없기 때문에 잠시만 헤엄치지 않아도 해저로 가라앉아 생명을 잃을 수 있다. 그래서 상어는 태어난 그 순간부터 죽을 때까지 끊임없이 몸을 움직여야 한다. 태어나면서부터 힘겨운 싸움을 하기 시작하는 상어는 죽을 때까지 노력해야 한다. 그런 노력 때문인지 상어는 '바다의 왕'이라 불린다.

끊임없이 배움을 게을리하지 않는 강사는 강사 중의 강사, 누구도 흉내 낼 수도, 따라올 수도 없는 '강사세계의 왕'이 될 것이다.

콘텐츠와 가르치는 기술을 모방하라

한번은 마케팅 책을 출간한 50대 강사가 회사에 강의를 온 적이 있었다. 그 강사는 여러 회사의 히트제품을 나열하듯 설명했다. 어떤 마케팅을 했는지도 덧붙였다. 하지만 너무나 안타깝게도 그 강사는 자신이 하려는 이야기의 주제와 목적, 목표를 잃어버린 듯했다. 무슨 이야기를 하는지 이해할 수가 없었다. 2시간짜리의 강의를 의뢰받고 왔는데 강의 전 회사 대표의 연설이 길어져 30분을 늦게 시작한 것이 당황스러웠던지 슬라이드를 빨리 넘기기에 급급하며 손목시계를 계속 쳐다보는 모습에 보는 나도 불안했다. 그렇게 정처 없이 떠돌다 연료가 떨어진 배처럼 강의는 끝이 났고 마지막으로 질문을 받았다. 호기로운 한 여직원이 자신의 업무와 관련된 질문을 했다. 강사는 너무도 안타깝게도 질문을 이해하지 못하고 여직원의 질문과는 전혀 다른 답변을 했다. 강사는 여직원에게 "질문에 대한 답이 됐나요?"라고 물었는데 그 여직원은 얼떨떨한 표정으로 마지못해 고개를 끄덕였다.

전문 분야에 대해 단순히 많이 안다고 해서 강의를 잘하는 것은 아니다. 앞에서도 언급했지만 강의는 프레젠터와는 다르게 발표가 아닌 가르치는 기술을 익혀야 한다. 그러니 가르치는 기술을 계속 업그레이드해야 하고, 다른 강사의 좋은 강의 콘텐츠를 찾아 다니며 그것들을 내 것으로 만드는 노력이 필요하다. 무턱대고 예전 경험과 그때의 실력만을 믿고 강의를 하다가는 '폭망하는 강의'가 된다.

나 또한 강의를 10년 넘게 했지만 결코 쉽지 않다. 10년이 넘게 경력을 쌓고 나서야 강의가 뭔지 좀 알 것 같고 익숙해진 것 같다. 그럼에도 계속 공부를 하고 있고 말이다. 그런데 강의에 대한 경험이 많지 않은 당신에게는 당연히 어려운 일일 수밖에 없고 누군가의 도움이 필요하기도 할 것이다. 만일 당신이 강의하고자 하는 데 어려움을 겪고 있다면 내게 메일을 보내도 좋다. 빠른 답변을 하지 못하더라도 꼭 도움이 될 수 있도록 늦게나마 답하겠다.

목적과 목표가 없는 강의는 잡담에 불과하다

처칠은 "청중이 자신이 들은 스피치를 한 문장으로 요약하지 못하면 그 연설은 하지 않은 것만 못하다"라고 말했다. 앞서 3P분석에서 Purpose(목적)을 언급하며 목적과 목표가 없는 강의는 횡설수설 강의, 잡담하는 강의, 이미 패배한 강의에 불과하다고 언급한 바 있다. 목적과 목표가 분명해야 콘텐츠 구성 단계에서 배가 산으로 가지 않을 수 있다. 그렇다면 목적과 목표가 구체적으로 무엇인지 알아보자.

목적, 강의의 주제 ☝

청중을 꼼꼼히 분석했다면 강의 주제가 정해졌을 것이다. 그 주제를 정했다면 '왜 청중이 이 강의를 들어야 하는가'라는 질문에 답해보라. 그것이 바로 강의의 목적이다. 거꾸로, 강의하는 목적을 한 문장으로 적어보라. 그것이 강의의 주제다. 목적이 곧 주제라고 생각하면 된다. 예를 들어 내 강의가 '긍정'에 관한 것이라고 한다면, '왜 들어야 하는가?' 하는 질문에 '긍정적인 마음의 힘을 기르기 위해서'라는 답했다면, 이 강의의 목적은 '긍정적인 마음의 힘을 기르자'가 되고, 이것이 곧 강의 주제다.

강의는 목적에 따라 강의 내용이 전혀 달라지기도 한다. 우리가 정육점에서 같은 돼지고기를 사더라도 수육용인지 구이용인지 혹은 찌개용인지에 따라 정육점 주인이 전혀 다른 부위, 두께, 사이즈가 다른 고기를 내놓는 것처럼 말이다. 긍정에 관한 강의의 목적이 '긍정적인 마음의 힘을 기르는 것'인지 '부정적인 생각을 버리는 것'인지에 따라 전혀 다른 콘텐츠를 구성하게 된다.

《명강의 노하우&노와이》의 조벽 교수는 "확실한 목적을 가지고 신문을 읽으면, 다른 기사는 다 잊어도 목적에 맞는 '그' 기사만큼은 오랫동안 머릿속에 간직합니다. 강의도 마찬가지입니다. 강의 효과는 학생들이 목적의식을 가지고 강의를 들을 때와 그냥 들을 때 큰 차이가 있습니다. 따라서 유능한 교수님은 매 수업 시간마다 교육 목적을 학생들에게 확실히 전달하고 나서 강의를 시작합니다. 교육 목적은 강의 주제만을 뜻하지 않습니다. 학생들이 강의를 들은 후 '그들이 무엇을 얻을 수 있는가'가 구체적으로 제시돼야 합니다"라고 했다.

목적이 있으면 강의 콘텐츠를 쉽게 구성할 수 있다. 예를 들어 목적이 '긍정적인 마음의 힘을 기르는 것'이라면 서론에는 부정적인 마음이 생기는 것이 무엇 때문인지 그 원인에 대한 이야기를 담고, 본론에는 긍정적인 마음의 힘을 길러야 하는 이유가 무엇이고 왜 그렇게 해야 하는지를 담는다. 결론에는 마음의 힘을 기르기 위해 어떻게 해야 하는지 방법을 제시한다. 이렇게 구성하면 논리적으로 청중을 설득할 수가 있다. 그러면 청중은 강사가 전달하고자 하는 메시지에 설득돼 스스로 동기를 부여하고, 실행하게 된다. 그러면 강의는 목적을 달성한 성공적인 강의가 되는 것이다.

간혹 콘텐츠를 구성하거나 자료를 만들 때 '이 내용을 꼭 넣어야 할까?'라는 의문이 생기면 '이 콘텐츠가 강의 목적에 맞는가?'라고 질문해보면 쉽게 답을 찾을 수 있다. '이 순서대로 강의를 진행하면 될까?'라는 의문이 생기면 '이 강의 순서가 강의의 목적을 충실히 전달할 수 있는가?'라고 질문할 수 있다.

강의의 목적을 어리석게도 '생계를 위해서', '강의 요청이 들어왔기 때문에'라고 속으로라도 절대 생각하지 마라. 생각은 말이 되고 말은 행동이 된다. 그런 마음은 청중에게 고스란히 전해져 청중은 당신을 '대충 시간 때우고 돈 받는 강사'로 간주한다.

목표, 청중의 구체적인 변화 🐢

목적이 '왜 청중이 강의를 들어야 하는가'라고 한다면 강의의 목표는 '청중이 강의를 듣고 어디까지 어떻게 할 수 있는가'다. 즉 당신의 강의가 청중을 어디까지 변화시킬 수 있는지가 당신의 강의 목표다.

목표는 형식적으로 세우지 않아야 한다. 목표가 형식적이면 청중의 마음을 여는 강의를 할 수 없고 강의의 효력이 나타나지 않을 뿐더러 세우는 의미도 없다. 강사가 열정과 진정성으로 강의를 하게 만드는 원동력이 목표라고 할 수 있다. 금메달이 목표인 국가대표 선수들처럼 말이다.

또한 목표는 행동변화를 일으키는 내용으로 세우는 것이 좋다. 예를 들어 목표를 '긍정적인 마음의 힘을 기르기 위해 매일매일 감사일기를 쓸 수 있다'라고 세웠다면, 결론 부분에서 감사일기를 쓰는 것을 방법으로 제시할 수 있다는 것이다. 물론 강사가 일일이 감사일기를 쓰는지 안 쓰는지 후에 확인할 방법은 없다. 하지만 당신의 강의를 듣고 청중이 감사일기를 쓰며 긍정적인 마음의 힘을 기를 수 있도록 동기부여가 됐고 해봐야겠다는 생각이 들었다면, 강의의 효과가 있다고 볼 수 있는 것이다. 청중을 이해시키고 설득해 행동으로 이끄는 것이 강의를 하는 목적이자 목표기 때문이다.

열정과 진정성으로 강의하라 ⚓

분명한 목표를 가지고 강의하는 강사의 열정은 그렇지 않은 강사보다 훨씬 더 뜨겁다. 강사의 열정과 진정성은 청중에게 전달된다. 열정 있는 강의가 청중을 흔들고 행동하고 싶도록, 변화하고 싶도록 마음을 움직인다.

나는 20대 중반에 화장품 세일즈 강사 일을 처음 시작했다. 현장경험을 살리고자 하루 13시간동안 매장에서 판매를 하기도 했다. 제품 중에는 내가 사용 후에 굉장히 피부의 결이 좋아진 좋은 제품이 있었다. 나는 판매직원이 아닌 해당 제품을 직접 사용하고 만족한 고객으로서 매장을 방문한 고객에게 사용 후기를 말했다. 간혹 고객 중에는 그 사례를 의심하기도 했다.

너무 답답했다. '이걸 사용하면 분명 지금보다 피부가 훨씬 좋아질 텐데' 하는 안타까움에서였다. 그 안타까움 때문에 나는 격양된 목소리로 나도 모르게 "지~인짜 저 믿고 쓰세요"라는 말까지 했다. 그런 열정적이고 진정성 있는 모습에 고객들은 믿고 써보겠다며 제품을 구매했다.

몇 년 후 명동에 있는 경쟁사인 다른 매장을 방문했다. 한 판매직원이 내게 매장에서 가장 인기 있는 상품이라며 "진짜 저 믿고 써보세요"라고 했다.

피식 웃음이 났다. 똑같은 말이었음에도 말과 행동, 표정 등에서 진심과 열정이 전혀 느껴지지 않았다. 한 마디로 '영혼 없는 멘트'였다. 만약 그 판매직원에게 실적에 따라 인센티브가 주어졌다면 조금은 달랐을까?

제품을 판매할 때, 내 목적은 매출이 아니었다. '정말 이 제품 너무 좋은데 고객도 꼭 쓰게 해서(목표) 나처럼 피부가 좋아지도록(목적) 도와줘야지'라는 마음으로 판매했다.

청중은 내 제품을 구매할 고객이다. 강사인 당신은 판매사원,

제품은 내 강의다. 청중이 당신의 강의를 사게 하기 위해서 당신은 '이렇게 하면 너무 좋으니까 청중도 꼭 행동하게 해서(목표), 나처럼 긍정적인 마음의 힘을 기르도록(목적) 도와줘야지'라는 마음으로 강의를 판매해야 한다. 여기에 진정성과 열정이 더해지면 목소리의 높낮이도 달라지고 자연스럽게 힘 있는 제스처를 취하기도 하며 입뿐만이 아닌 온몸으로 말하는 열정적인 강의를 하게 된다. 그리고 그 열정을 느끼는 청중은 '와, 강사가 저렇게까지 하는데 진짜 좋은가보다. 그럼 나도 한번 해볼까'라는 생각을 하게 된다.

목표는 목적으로부터 나온다. 목적은 청중 분석으로부터 나온다. 그렇기 때문에 앞서 나온 모든 내용을 흘려 읽지 않았기를 바란다. 당신이 책을 이해하기 쉽도록 강의를 준비하는 순서대로 책의 목차를 선정하기 위해 엄청난 고민과 노력을 나름 기울였다. 강의를 준비하는 순서와 흐름도 함께 느끼며 책을 읽어가길 바란다. 그리고 앞으로도 다룰 내용을 아무 생각 없이 읽지 말고 당신도 목적과 목표를 가지고 성공적인 강의에 목마른 간절함의 시선으로 읽도록 권하고 싶다. 아마 몇 줄 읽다 덮었다가 또 며칠 후에 다시 읽기를 반복했다면 당신이 이 책을 읽기 전 뚜렷한 목적과 목표가 없었기 때문일 것이다. 간절함 또한 없었기 때문에 열정적으로 읽지 못하고 있을 것이다. 이 책은 꼭 리듬을 갖고 단기간 내에 여러 번 읽고 익히기를 바란다.

강의의 첫인상을 섹시하게,
'섹시한 제목'을 만들어라

나는 대개 출퇴근 시 지하철을 이용한다. 집에서 회사까지 약 1시간 정도 걸린다. 콩나물시루 같은 지하철 안에서 서로가 서로를 밀어가며 어떻게든 공간을 확보하려고 안간힘을 쓰는, 그야말로 지옥철이다. 좀 여유로우면 책을 꺼내 읽거나 휴대폰이라도 볼 수 있는데, 사람이 너무 많으면 손조차 움직일 수 없다. 유난히 빽빽하던 어느 날 아무것도 할 수 없어 눈만 굴리고 있었다. 지루함을 느끼던 그때, 지하철에 붙어 있는 광고 문구가 눈에 확 들어왔다.

"치킨은 살 안 쪄요. 살은 내가 쪄요."

순간 피식하고 웃음이 났다. '그렇지, 치킨은 살이 안 찌지. 살은 내가 찌는 게 맞지. 근데 대체 이 문구는 뭐지? 무슨 광고야?' 시선을 아래로 내리니 '배달의 민족'이라고 쓰여 있었다. 배달의 민족에서 당장 치킨을 주문하고 싶어졌다.

강의의 인상은 3초 안에 결정된다 🔊

당신의 강의를 듣기 위해 모인 청중은 당신이 무대에 오르기 전부터 '오늘 강의가 왠지 흥미롭고 재미있을 것 같다' 혹은 '잔소리 같은 지루한 강의를 들어야 하나 보다'라고 예상할 수 있다. 어떻게? 당신이 무대에 서기 전 청중을 기다리며 미리 띄워둔 강의 제목이 적힌 첫 슬라이드를 보고 말이다.

당신이 소개팅을 한다고 상상해보자. 설렘과 기대를 품고 소개팅 장소에 조금 일찍 도착한 당신. 자리를 잡고 앉아 있는데 멀리서 한 사람이 나를 향해 다가온다. '와~ 저 사람이 내 소개팅 상대였으면 좋겠다' 혹은 '제발 제발 하느님, 저 사람이 아니라고 해주세요' 하며 믿지도 않는 신을 찾을 때도 있다. 당신은 무엇을 보고 그러한 생각을 하게 되었을까? 그렇다. 외모다.

강의실에 도착하면 청중의 눈은 강사 한 번, 강의 슬라이드 한 번 보고는 3초 만에 강의가 어떨지 예상한다. 그런데 강사의 외모가 꽤 호감형이어도 강의의 제목이 '인사를 잘해야 한다'인 것을 확인하는 순간, 청중은 '인사 잘해야 되는 거 누가 몰라? 무슨 지루한 이야기를 하려고. 어렵게 시간 내서 온 건데 별로 도움이 될 것 같지 않아. 벌써 식상하네'라고 생각한다.

'뻔'하지 않은 '펀(Fun)'한 제목을 찾아라 🔊

강의 제목은 뻔한 것보다는 좀 더 흥미와 궁금증을 유발해 청중을 유혹하는 섹시한 제목이어야 한다. '뻔'한 제목이 아닌 '펀(Fun)'한 제목을 찾아보라. '인사를 잘하자'라는 포괄적이고 재미없고 식상한 제목보다는 '인사人事로 인사人士가 돼라', '인사가 인맥을 만든다'로 표현하면 조금 더 흥미로움을 느낄 수 있고 강의 내용이 궁금해진다. 심지어 강의가 시작되기도 전에 이미 강의 내용에 공감하기도 한다. '인맥이 중요하지. 근데 인사 하나로 인맥을 만들 수 있다고. 어떻게? 궁금하군' 하며 당신의 강의가 빨리 시작되기를 기대한다.

제목에는 핵심을 담아라 ✈

강의 제목은 오늘 강의를 하는 강사 당신의 주장이다. 오늘 준비한 '강의 전체의 내용과 주제를 하나로 아우르는 한마디'를 강의 제목으로 해야 한다. 《명연사·명연설·명강의》의 저자 스콧 버쿤(Scott Berkun)은 "제목은 세상을 '이야기하려는 것'과 '이야기하지 않을 것'으로 나눈다. 두 가지를 가르는 방법은 수없이 많지만 대부분 따분하다. 두 가지를 가르는 똑똑한 방법을 찾아내지 못한다면 유용한 요지를 찾아낼 가능성은 희박하다. 요지를 하나만 주장해야 한다면 무엇이라 하겠는가? 바로 그것을 제목으로 표현하라. 청중의 관심을 끌 만한 문구나 자신의 요지를 강력히 표현하는 문구를 실질적인 제목으로 선택하라"라고 말했다.

일단 '써라' ⭕

흥미를 유발하고 청중의 뇌리에 확 꽂히는 섹시한 제목을 짓는 건 힘든 일이다. 강의 제목을 짓는 데 엄청난 시간을 쓰기도 한다.

이 고통을 줄이기 위해서는 자신의 강의 주제를 정확히 파악한 후 일단 볼품없는 제목이라도 '단 한 마디'로 표현해보자. 그것이 모든 제목 짓기의 시작이다.

그런 후 당신의 주장이자 강의 제목이 될 만한 관련 있는 책의 제목이나 관련 문구들을 검색해보자. 명언을 검색해도 좋다. 그리고 당신의 마음에 딱 와 닿는 문구들이 보이면 그 문구를 편집해보자. 또 참고 도서를 읽거나 자료를 수집하며 강의 내용에 대한 공부를 할 때 강의의 제목을 항상 염두에 둬라. 그리고 좋은 문구가 있으면 따로 메모해둔다. 강의 제목을 정해야 하는 목적과 목표를 지니고 보면 더욱 잘 보인다.

명언을 활용하라 ⭕

강의 주제가 "살이 찌는 것은 게으른 습관 때문이다"라고 해보자. 그러면 구글이나 네이버 검색창을 열어 게으름이나 습관에 관한 명언, 도서 등을 검색할 수 있을 것이다. '게으름 명언', '습관 명언' 등 간단한 검색어로도 많은 명언들을 쉽게 찾을 수 있을 것이다. '습관 명언'을 예로 들어 강의 제목을 지어보자. 습관에 관한 명언을 찾아보면 "타고난 본성은 비슷하지만, 습관에 의해달라진다"라는 공자의 말이 있다. 이것을 인용해서 "타고난 몸은 44size, 습관은 66size"라고 정할 수 있다.

베스트셀러 제목을 참고하라 🔊

말 그대로 '제목이 될 만한 문구'를 책의 제목으로 사용하기 때문에 책 제목은 강의 제목으로 활용하기 좋다.

"살이 찌는 것은 게으른 습관 때문이다"라는 주제의 강의 제목을 만들기 위해 도서 사이트에서 '다이어트', '게으름', '습관' 등으로 검색해서 확 꽂히는 제목을 찾아낸다. 다이어트 전문가인 당신조차도 궁금해서 펼쳐보고 싶은 제목을 찾아보라. 이때 제목뿐 아니라 목차까지 뒤져보는 게 좋다. 책을 판매하는 도서 사이트에서 검색하면 목차를 보기도 편하고, 관련 책들이 풍부하게 검색된다.

도서 사이트에서 '다이어트'로 검색하니 《습관 성형》이라는 책이 나온다. 일단 책을 클릭해 목차를 살펴보자. 첫 장의 제목이 '다이어트가 아니다. 습관 성형이다'라는 문구가 나는 꽂힌다. 이것을 편집해 '다이어트, 습관부터 성형하라', '당신의 게으름을 성형하라'라고 강의 제목을 만들어볼 수 있다.

제목은 짧을수록 좋다 🔊

가끔 긴 제목을 사용하는 강사들도 있다. 필요하다면 긴 제목도 나쁘지는 않다. 다만 제목에서 너무 많은 것을 이야기하려 한다면 확 꽂히는 제목이 되지 못한다. "타고난 몸은 44size이지만 게으른 습관이 66size를 만들기에 게으른 습관을 고치자"라는 긴 제목으로 하고 싶은 이야기를 다 하려는 욕심은 버려라. 짧고 강하게 때리는 제목이 좋다. 제목을 만들면서 괜찮은 제목인지 아닌지가 헷갈린다면 '강의를 듣고 싶은 마음이 드는 제목인가?'라는 단 하나의 질문으로 묻고 또 물어라. 그 질문에 '당연하지'라고 답할 수 있도록 만들면 된다.

이러한 방법으로 강의 제목을 만들다보면 창작의 고통이 아니라 오히려 재미있게 강의 제목을 만들 수 있다. 이것은 표절이 아닌 모방이다. 하늘 아래 새로운 강의 제목은 없다. 단지 그것이 새롭게 느껴진다면 당신이 강의 제목을 새롭게 구성했기 때문이다.

당신이 서점에서 이 책을 처음 발견했을 때 무엇에 끌렸는가? 책 제목과 표지다. 그리고 목차를 확인한 후 궁금증을 유발하는 꼭지를 펼쳐 읽어보고 살지 말지 결정했을 것이다.

청중 역시 강의 제목을 보고 들을지 말지 결정하고, 강의 내용을 들어보고 행동할지 말지를 결정한다. 청중에게 당신의 강의를 판매하기 위해 가장 먼저 강의의 첫인상, 강의 제목을 섹시하게 지어 강의가 듣고 싶도록 유혹하라.

콘텐츠 구성 능력이 곧 강의 능력이다

처음 강사가 되려는 사람들은 강사를 말을 잘하는 사람으로만 인식하고 스피치 학원에 등록한다. 스피치 능력 역시 강사로 갖추어야 할 능력 중 하나다. 하지만 스피치 능력보다 더 중요한 것은 좋은 콘텐츠를 찾고 개발하는 능력이다. 강의 콘텐츠가 좋으면 강사의 스피치가 화려하지 않아도, 그리고 다소 부족하더라도 제대로 전달되고 청중이 이해할 수 있도록 한다면 얼마든지 좋은 강의를 할 수 있기 때문이다. 다시 말해 '콘텐츠빨'이 곧 강의 능력(강의력)이다.

콘텐츠란 무엇인가?

《청중을 사로잡는 명강의 기술》의 저자 조관일은 "강의에서 콘텐츠는 강의 주제에서부터 강의 제목, 강의 내용, 강의 전개 순서를 모두 포함하는 개념이다"라고 했다. 즉, 콘텐츠는 강의 그 자체다.

앞에서 강의 주제, 제목, 목적, 목표를 다 정했다. 모든 과정은 끝났다. 이제 당신은 준비한 것들을 가지고 강의 내용을 전개하기만 하면 된다. 어떤 내용을 다루고, 어떻게 시작해서 어떻게 끝내서, 궁극적으로 청중을 설득해 행동하게 할 수 있는지에 대한 고민을 할 차례다.

콘텐츠는 탄탄한 자료에서 시작한다 🎯

10년 동안 작가로 활동하며 20권이 넘는 책을 집필한 이상민 작가는 "책은 내용이 있어야 한다. 그것도 좋은 내용이어야 한다. 다른 책들과 비교가 되지 않을 정도로 독자에게 도움이 돼야 한다. 그러려면 내용에 대한 확실한 준비가 있어야 한다. 책 쓰기는 글쓰기가 아니다. 책 쓰기는 콘텐츠 재창조다. 우리가 만화영화를 볼 때 만화를 잘 그리면 좋다. 그러나 스토리가 엉망이면 아무도 보지 않는다"라고 했다. 스토리가 곧 콘텐츠의 구성이라는 이야기다.

강의는 책과 많이 닮아 있다. 어떤 콘텐츠를 어떻게 구성하느냐에 따라 논리적이고 설득력 있는 강의가 된다. 그러한 이유 때문에 강사를 콘텐츠 크리에이터라고도 해도 과언이 아니다.

스토리를 그리려면 스스로에게 혹독할 정도로 수많은 자료를 수집하고 많은 책을 읽고 경험해야 한다. 특유의 유머로 재미있고 강의 내내 연신 웃음을 유발하는 강사를 사람들은 프로 강사라고 하지 않는다. 진짜 프로 강사는 질 높은 강의 내용으로 청중에게 많은 도움을 주며 동기를 부여하는 강의를 하는 강사를 높게 평가한다. 내용 없이 재미만 있는 강의는 잠깐 소문은 날 수는 있겠지만 조금만 시간이 지나면 더 이상 그 강사의 강의는 누구도 듣지 않게 될 것이다. 청중 입장에서는 차라리 개그콘서트를 보는 게 낫기 때문이다.

내가 하는 방법이 꼭 정답은 아니지만 책을 쓸 때에도 활용했던 방법을 공유하도록 하겠다. 나는 3이란 숫자가 가장 간단하고 쉬워 3의 법칙을 많이 활용하는 편이다. 3의 법칙에 대해서는 뒤에서 더 자세히 다루도록 하겠다. 가장 쉽게는 서론, 본론, 결론으로 나눠 각각의 부분에서 어떤 이야기를 할 것인지를 고민한다.

What-Why-How로 구성하라 🌂

콘텐츠를 논리적으로 구성하려면 이미 수집한 자료들을 바탕으로 구성해야 하는데, 수많은 자료들이 모두 좋은 콘텐츠가 될 수 있는 것일지라도 강의 내용에 다 넣을 수는 없다. 가르고 거르는 작업이 필요하다. 그러기 위해서는 강의 주제에 맞는 꼭 필요한 내용으로 강의의 목차를 구성해야 한다. 콘텐츠 구성이 곧 강의의 목차이자 강의 순서라고 이해할 수 있다.

서론-본론-결론을 What-Why-How로 구성하라. 이 구성 방법은 가장 쉽고도 기본적인 방법으로, 초보 강사는 물론 베테랑 강사들도 활용할 수 있는 방법이다. 요즘 마인드맵을 따로 사용하는 강사들도 있지만 나는 아날로그 방식으로 종이 한 장을 꺼내어 연필로 적어가며 쓰는 방법으로 한다. 어떤 방법이든 본인에게 맞는 방법이 있다면 그것으로 하는 것이 좋다.

서론(What)은 '무엇이 문제인가'를 다룬다. 주의를 집중시키고 동기를 부여하는 부분이다. 청중이 '정말 이게 문제구나. 이 강의를 들어볼 필요가 있어'라는 생각이 들도록 만든다. 그래야 본론, 결론까지 졸지 않고 딴짓하지 않는다. 여기서 결론을 미리 이야기하는 것도 좋다.

이 꼭지를 한번 예로 들어보자. 이 꼭지의 제목, 즉 주제는 '콘텐츠 구성 능력이 곧 강의 능력이다'로 정했다. 그렇다면 서론에서는 '콘텐츠의 중요성'을 이야기하며 콘텐츠 구성이 논리적이지 못하면 청중을 설득할 수 없을뿐더러 강의가 산으로 갈 수 있다는 문제를 제기해야 한다.

본론(WHY)에서는 '왜 그래야 하는가?'를 말한다. 본론에서는 서론을 탄탄하게 뒷받침해야 한다. 이 꼭지에 대입한다면, 콘텐츠의 구성이 중요한 이유를 설명해야 한다. 그 이유란 강의는 오로지 청중의 설득을 위한 목적을 가지고 있기 때문이다.

결론(HOW)에서는 '그래서 어떻게 해야 하는가?'를 말해야 한다. 서론에 대한 해결 방법이 주된 내용으로, 서론과 본론을 아우르는 내용이어야 한다. 이 꼭지를 예로 들면, '콘텐츠를 이렇게 구성해야 한다'라며 What-Why-How의 구성 방법을 제시하고 있다.

여기에 하나를 더 덧붙인다면, IF(만약에)를 마지막으로 구성해

보라. 강사는 강요해서는 안 된다. '만약 이렇게 한다면' 혹은 '만약 이렇게 하지 않는다면'이라는 말로 청중이 상상을 하도록, 스스로 생각해볼 수 있도록 여운을 남기고 청중 스스로가 결정할 수 있게 도와야 한다.

지금까지 '콘텐츠 구성 능력이 곧 강의 능력이다'라는 이야기를 했다. 만약 당신이 강의를 한다면 성공적인 강의를 하기 원한다면, '말빨'을 익히는 데 노력을 기울이겠는가, 아니면 논리적이고 설득력 있는 강의를 위해 '콘텐츠빨'에 많은 노력을 기울이겠는가?(이 역시 당신 스스로 결정할 수 있도록 이 꼭지에서 나는 'IF만약'+'물음표'로 마무리해본다.)

강의기획서

교육자 수	연령	성별	강의 일정	강의 시간	강의 장소

교육의뢰자의 교육의도 및 목적은 무엇인가?

교육자가 듣고 싶어하는 이야기, 내용은 무엇인가?
(교육자의 이슈, 관심 & 흥미거리, 공감거리)

강사가 교육자에게 전하고자 하는 메시지는 무엇인가?(강의 목적 = 강의 주제)

강사가 교육자에게 어떠한 것을 어떻게 설득하고자 하는가?(강의 목표)

강의내용기획서

강의 주제			
강의 제목			
강의 구성	주제	내용	소요시간
서론(what) 무엇이 문제인가? 10%	1.	(1)	
		(2)	
		(3)	
		*10분 폭탄	
	2.	(1)	
		(2)	
		(3)	
		*10분 폭탄	
	3.	(1)	
		(2)	
		(3)	
		*10분 폭탄	
본론(why) 왜 그래야 하는가? 80%	1.	(1)	
		(2)	
		(3)	
		*10분 폭탄	
	2.	(1)	
		(2)	
		(3)	
		*10분 폭탄	
	3.	(1)	
		(2)	
		(3)	
		*10분 폭탄	
결론(how) 어떻게 해야 하는가? 10%	1.	(1)	
		(2)	
		(3)	
		*10분 폭탄	
	2.	(1)	
		(2)	
		(3)	
		*10분 폭탄	
	3.	(1)	
		(2)	
		(3)	
		*10분 폭탄	

3장

보고 듣는 강의,
프로 강사의
강의 자료 개발

앵무새 강사가 아닌
시각 자료로 득템의 기회를 주는 강사

강사 중에는 강의할 때 PPT 자료를 제작하지 않고 2시간 이상을 오로지 입으로만 강의를 이끌어가는 사람이 있다. 정말 대단하다고 생각한다. 어떻게 시각 자료 없이 저 많은 이야기를 다 외웠을까. 나는 엄두도 못 낼 일이다. 하지만 시각 자료 없이 입으로만 하는 강의는 한계가 있다.

입으로만 강의하면 다음과 같은 문제가 있다. 첫째, 청중을 이해시키기 위해 더 많은 말을 해야 하고 그러면 청중은 강의를 지루해한다. 둘째, 청중이 눈을 감거나 다른 행위를 하며 들을 수 있기 때문에 강사가 청중의 시선을 사로잡지 못한다. 셋째, 강사가 객관적인 사실을 이야기할 때 관련 자료를 보여줄 수 없어 청중은 강사의 말을 의심하기도 한다. 그러니 청중을 설득하기 어렵다.

특히나 스마트폰과 인터넷의 발달로 요즘 사람들은 책을 잘 읽지 않는다. 시간이 오래 걸리는 책에 비해 영상이나 이미지를 보는 게 더욱 흥미롭고 익숙하기 때문이다. 요즘 시대의 사람들의 특성을 고려해볼 때 시각 자료 없이 강의를 한다는 것은 이미 지루한 강의를 하겠다고 예약한 것과 다름없다. 물론 시각 자료가 없어도 유명인사라면 이야기가 달라진다. 또는 굉장히 대단하고 흥미로운 스토리라면 그것 역시 시각 자료 없이도 충분히 청중의 귀를 훔칠 수 있다. 하지만 어떤 경우든 눈까지 사로잡기에는 역부족이다. 그렇다면 시각 자료의 유용함에 대해 구체적으로 설명하겠다.

전달하고자 하는 콘텐츠를 분명히 하라 🌱

어떤 제품의 디자인에 대해 설명하는데 그것을 말로만 하면 어떻겠는가? 설명하고자 하는 것이 정확하게 청중에게 전달됐는지, 청중이 제대로 이해하고 있는지 파악하기 어렵다. 당신이 감이라는 과일을 이야기한다면 어떤 이는 단감을 떠올릴 수도 있고 또 어떤 이는 홍시를 떠올릴 수도 있다.

백문이 불여일견이라는 말이 있듯이 백 번 설명할 것을 한 번 보여주는 것이 더욱 정확하다. 스티브 잡스(Steve Jobs)가 새로 출시된 아이폰의 기능을 말로만 설명할 때 조용하던 청중이 그 기능을 직접 잡스의 시연을 통해 눈으로 확인할 때 비로소 환호성을 지르며 박수를 보내는 것처럼 말이다.

청중의 기억력을 높여라 🎯

정보를 그림으로 만들면 글자보다 더욱 쉽게 이해하고 더욱 오래 기억할 수 있다. 이를 '그림 우월성 효과'라고 한다. 그림을 이해할 때 색깔, 형태, 선, 입체, 구조, 상상력 등과 같은 두뇌의 방대한 능력을 사용하기 때문이다.

다중감각과 다중지능을 다룬 책 《퀀텀 교수법》에 따르면 "뇌에 입력되는 자료의 90%는 시각정보다. 뇌는 상징, 아이콘 그리고 '강력하고 단순한 이미지'에 즉각적이고 자연스럽게 반응한다. 그렇기에 어떤 추상적인 개념을 설명할 수 있는 확실한 이미지를 만들면 그것은 구체적인 것으로 즉각 변하고, 이해하기 쉬워진다"라고 했다. 이 책에 따르면 어떤 내용을 말로만 설명했을 때는 100분 후 학습자는 내용의 4%만 기억했고, 그림으로만 설명했을 때는 19%, 그림을 보여주면서 설명했을 때는 무려 70%나 기억했다고 한다.

약속 장소를 상대방에게 알려줄 때 당신은 어떤 타입인가? 주소만 찍어 보내는 사람, 지도를 사진으로 캡처해 보내는 사람, 긴 글로 알려주는 사람 등 다양하다. 나는 지도에 길을 찾아오는 순서를 표시한 후 간단한 설명을 덧붙여준다. 그래야 가장 쉽게 길을 찾을 수 있다. 강의 역시 마찬가지다. 길을 모르는 청중에게 약속 장소를 잘 찾아올 수 있도록 그림, 사진, 도표 등 시각적인 자료를 가지고 설명을 덧붙이면 청중의 이해를 돕고 커뮤니케이션 시간을 단축시킨다.

청중의 웃음을 유발하라 🎯

어느 정도 유머와 재치가 있으면 좋겠지만 모든 강사가 유머에 재능이 있지는 않다. 하지만 걱정하지 마라. PPT 자료를 활용하면 유머러스한 사진 한 장, 짧은 동영상 한 편으로 청중에게 재미와 웃음을 선사할 수도 있다.

아이스브레이크나 스팟을 진행할 때도 PPT가 유용하다. 청중에게 말로만 퀴즈를 내기보다는 PPT 슬라이드에 띄워놓으면 청중이 "강사님, 문제 다시 한번만 말해주세요"라고 되물을 일이 없다. 또 간혹 의심이 많은 청중이 있을 수 있는데 PPT에 퀴즈의 답을 미리 적어놓는다. 그러면 '강사가 답을 갑자기도 바꿨을 지도 몰라'라는 의심을 막을 수 있다.

시각 자료 활용으로 신뢰를 높여라 🎯

미국 전자통신 소프트웨어 기업 NCR의 설립자 존 패터슨(John Henry Patterson)은 "도표는 말보다 설득력 있다. 그림이나 사진은 도표보다 훨씬 설득력 있다. 어떤 사물을 설명하는 가장 이상적인 형태는 각 요소를 그림이나 사진으로 설명하고 말은 단지 그것을 연결해주는 역할만 하는 것이다"라고 했다.

통계자료의 경우 강사가 말로만 하면 청중이 믿지 않을 수도 있다. 그것을 도표나 신문, 뉴스 등의 자료로 보여주면 더욱 신뢰를 얻을 수 있다.

시각 자료는 시간 절약 효과도 있다. 말로 긴 시간을 들여 설명해야 할 것도 이미지 하나로 쉽게 설명할 수 있다. 또 말로만 강의를 듣게 되면 청중은 당신의 강의 내용을 귀로 듣고 손으로 쓰기 바빠져 당신의 말을 놓치기가 쉽다. 하지만 PPT 자료를 활용한 강의라면 청중은 휴대폰 카메라로 쉽게 당신의 자료를 찍어 평생을 간직하고 기억할 수도 있다. 청중에게는 전문 강사의 강의 자료를 손쉽게 획득하는, 그야말로 '득템'의 강의가 될 것이다.

커닝페이퍼로 활용하라 📷

《밥 파이크의 창의적 교수법》에서 밥 파이크(Bob Pike)는 시각 자료를 잘 기획하고 사용해야 하는 이유를 다음의 열 가지로 이야기했다.

1. 주위를 환기시키고 유지하기 위해
2. 아이디어를 강조하기 위해
3. 구체적으로 설명하기 위해
4. 오해의 소지를 줄이기 위해
5. 기억력 향상을 위해
6. 현실감을 더하기 위해
7. 시간과 경비를 절약하기 위해
8. 생각을 정리하는 것을 돕기 위해
9. 중요 포인트를 확인하기 위해
10. 자신감을 갖게 하기 위해

마지막에 파이크가 이야기한 자신감의 경우, 강의할 때 시각 자료가 없다면 강의 내용을 대본처럼 만들어 전부 외워야 하는 번거로움이 있다. 그런데 아무리 완벽하게 강의 전까지 외웠다 할지라도 중요한 부분을 놓치거나 강의 중에 내용을 잊어버리고 당황하는 경우가 발생한다. 하지만 PPT 자료를 만들어 활용하면 기억력에 의존하기보다는 대놓고 보는 커닝페이퍼로도 활용할 수가 있는 것이다.

청중의 눈을 사로잡는다는 것은 강의를 시작해서 끝날 때까지 강사만을 바라보게 하는 것이 아니다. 청중에게 새로운 것, 흥미로운 것을 보게 하면서 흥미를 유발하고 눈이 즐거운 시각 자료를 만들어야 한다.

3의 법칙을 활용하라

빅토리아 시대의 위대한 연설가 벤저민 디즈레일리(Benjamin Disraeli)는 두 차례나 영국 총리를 지낸 인물이다. 그는 이렇게 말했다.

"세 가지 종류의 거짓말이 있다. 거짓말, 진짜 거짓말, 그리고 통계."

"나는 결코 부정하지도 반박하지도 않는다. 단지 가끔 잊어버릴 뿐이다."

많은 사람들이 알고 있는 에이브러햄 링컨(Abraham Lincoln)의 게티즈버그 연설에는 이런 말이 나온다.

"국민의, 국민에 의한, 국민을 위한 정부."

이 두 사람의 말에서 공통된 특징을 찾았는가?

사람의 마음을 사로잡는 3의 법칙 🎯

디즈레일리와 링컨은 '3의 법칙'을 활용해 이야기하고 있다. 거짓말/진짜 거짓말/통계. 부정/반박/잊어버림. 국민의/국민에 의한/국민을 위한.

3의 법칙이란 한두 명 혹은 한두 가지일 때는 움직이기 쉽지 않지만 세 명, 세 가지의 것은 군중을 움직이는 힘이 있다는 심리학 법칙이다. 숫자 3의 힘에 대해서는 고사성어에서도 이야기하고 있는데, 삼인성호三人成虎가 그것이다. 세 사람이면 없던 호랑이도 만든다는 말로, 거짓말이라도 여러 사람이 말하면 남이 참말로 믿기 쉽다는 뜻이다.

한 TV 프로그램에서 흥미로운 실험을 했다. 많은 사람들이 오고가는 횡단보도에서 한 남자가 하늘을 올려다보며 무언가를 가리켰다. 사람들은 그를 거들떠보지도 않고 횡단보도를 건너며 제 갈 길을 갔다. 이번에는 2명이 하늘을 올려다보며 손가락으로 가리켰다. 1명이 했을 때보다는 몇몇의 사람들이 그들이 바라보는 하늘을 바라보기는 했지만 그다지 신경 쓰지 않고 지나친다. 이번에는 3명이 동시에 하늘을 올려다봤다. 그러자 횡단보도를 건너는 사람의 80% 이상이 하늘을 올려다봤다.

숫자 3은 사람에게 매우 익숙한 수다. 세상의 많은 것들이 숫자 3과 연관이 있다. 삼시세끼, 삼국지, 상·중·하, 삼세판, 삼총사, 삼형제, 삼위일체, 만세삼창, 천지인(하늘·땅·사람) 등등. 램프의 요정 지니도 소원을 한 가지가 아닌 세 가지 들어주겠다고 했다.

잡스는 자신의 프레젠테이션에 그 누구보다도 3의 법칙을 적극적으로 활용했다. 《스티브 잡스 프레젠테이션의 비밀》의 저자 카민 갤로(Carmine Gallo)는 "잡스는 청중에게 미리 말로 로드맵을 그려줬다. 로드맵은 3을 기준으로 구성된다. 즉 프레젠테이션은 3막으로, 제품 설명은 3개의 사용으로, 시연은 3부로 나뉜다"라고 했다. 이쯤 되면 3의 법칙이 얼마나 강력한지 충분히 이해했을 것이다.

강의에 3의 법칙을 활용하는 법 🔊

첫째, 강의의 구성을 세 부분으로 나눠라. 앞서 이야기한 서론-본론-결론 구성이 그것이다. 이는 2장 여섯 번째 꼭지를 참고한다.

둘째, 강의를 뒷받침하는 자료-사례, 통계자료, 기사 등-를 들어 설명할 때도 세 가지 꼽는다. 부족해보이지도 넘치지도 않으면서, 주장을 탄탄하게 뒷받침할 수 있다. 이 책 역시 3의 법칙을 다양하게 활용했다. 성인 학습자의 특성을 세 가지로 말했고, 망치는 강의의 특징을 세 가지로 제시했다. 2장 여섯 번째 꼭지에서도 콘텐츠를 서론(What), 본론(Why), 결론(How) 세 부분으로 구성하라 추천한 바 있다.

셋째, 청중이 반드시 기억했으면 하는 핵심 포인트를 세 가지로 만들어라.

영국 〈더 타임스〉가 세계 50대 경영사상가 중 한 명으로 꼽은 세계적인 컨설턴트이자 경영전문가인 램 차란은 화학제품 전문업체 듀폰이 2008년 위기를 이겨낸 사례를 소개한다. 당시 듀폰은 직원 6만 명을 두고 있었는데 듀폰 간부들은 모든 직원에게 회사가 달성해야 할 목표를 전달하며 즉시 비용을 줄일 수 있는 방법 세 가지를 파악하라는 과제를 줬다고 한다. 간부들은 직원에게 너무 과도한 요구를 하면 행동에 나서지 않지만, 세 가지만 찾아오라고 하면 현실적으로 행동할 것 같다고 생각했다. 그리고 그것은 적중했다.

한두 개는 다소 가볍고 부족한 느낌이 들고, 네 개 이상은 너무 많아 기억하기 힘들다. 핵심은 단 세 가지로 이야기하라. 특히 강의를 마무리할 때 핵심 내용을 세 가지로 정리, 요약한다. 3의 법칙을 활용하면 청중이 기억하기 쉽다.

10분마다 폭탄을 설치하라

뇌과학자 존 메디나(John Medina)는 《브레인 룰스》에서 다음과 같이 이야기했다. "우리는 지루한 것에는 집중하지 않으며 한 번에 한 가지씩 집중할 수 있다. 사람이 무언가에 집중할 수 있는 시간은 약 10분이다. 이때 주의를 끌지 못하면 사람은 딴 생각을 한다. 두뇌의 주의를 끌기 위해서는 두뇌가 원하는 것을 알아야 한다. 두뇌가 원하는 것은 감정을 자극하고, 핵심부터 먼저 내세우고, 한 번에 한 가지 내용만 다루며, 규칙적으로 휴식을 제공해 주는 것이다."

강의가 지루하고 잔소리 같이 느껴지는 이유는 핵심 하나를 전달하는 데 너무 많은 시간을 잡아먹기 때문이다. 존 메디나의 말처럼 핵심 하나를 전달하는 시간은 10분으로 잡고, 10분 후에는 뇌를 쉬게 하는 자료를 제시한다. 이는 강의를 기획할 때부터 치밀하게 설정해야 한다.

10분이라는 시간을 나누는 방법 🕐

처음 1~2분에는 핵심 내용을 다룬다. 그리고 8~9분은 이에 대한 세부적인 설명을 한다. 그리고 10분이 지나면 반드시 주장, 주제에 대한 호기심을 자아낼 만한 에피소드, 사례, 일화, 영상, 사진 등을 활용해 재미와 흥미를 주며 뇌에 휴식을 취할 수 있도록 해야 한다. 그러고 나서 다음에 다룰 내용을 재미나게 예고해 또 청중의 호기심과 궁금증을 유발한다. 이렇게 반복하면 긴 강의에 청중이 지치지 않고 집중하며 따라올 수 있다. 굳이 오래 이야기하지 않아도 되는 것에 필요 이상의 시간을 배정하지는 않았는지 기획 및 설계 단계에서 꼼꼼히 따져봐야 한다.

예를 들어보자. '첫인상의 중요성'이라는 핵심을 설명했다면 '남자가 여자를 볼 때 눈여겨보는 베스트5, 여자가 남자를 볼 때 눈여겨보는 베스트5'를 맞히는 게임으로 스팟을 활용하거나 '이성을 볼 때 어디를 먼저 보는지'에 대한 질문을 청중에게 하는 것으로 재미와 흥미를 느끼도록 하거나 청중에게 흥미로운 퀴즈를 내고 답을 하게 하면 오히려 청중의 유머와 재치로 다른 청중들에게 웃음을 선사할 수도 있다. 강의는 쌍방향 커뮤니케이션이기 때문에 함께 만드는 강의가 더욱 의미 있고 청중 역시 더 큰 흥미와 재미를 느낄 수 있다.

자신의 개인기로 폭탄을 던지면 개그맨밖에 되지 않는다. '뇌를 깨우는' 것을 던져야 한다. 청중에게 재미를 주기보다는 청중을 참여시키는 것을 목적으로 두고 다양한 요소를 설치한다. 다시 말해 개그맨이 아닌 레크리에이션 강사가 돼야 한다.

다른 강사의 폭탄을 찾아내 강의에 활용하라 🎯

스티브 잡스의 프레젠테이션은 아이폰에 관심이 전혀 없는 사람이 봐도 지루함을 느낄 틈을 주지 않는다. 그는 말로만 설명하지 않고 시연하고 짧은 동영상을 보여주는 등 다양한 요소들로 흥미를 돋운다. 시연을 하면서 지루해질 무렵 스타벅스에 장난전화를 걸어 청중에게 재미와 웃음을 선사했다. 이는 사전에 모두 계획한 것이다. 강사는 이러한 프레젠테이션 기술을 꾸준히 익히고 배워야 발전할 수 있다.

평창 동계 올림픽 유치의 주역인 나승연 역시 《나승연의 프레젠테이션》에서 평창 동계 올림픽 프레젠테이션에서 10분의 법칙을 활용했다고 말한다.

"오프닝 영상이 나오고 첫 번째 연설에 이어 조 위원장의 연설까지 끝나니 거의 10분이 지나 있었다. 집중도가 떨어지는 시점이었다. 바로 그 시점에 이명박 대통령이 연단에 섰다. 청중의 관심을 다시 확 끌어당기는 프레젠터를 내세운 것이다. 그다음 순서로 IOC위원들이 이미 아주 잘 알고 있는 김진선 대사가 나오면서 청중의 관심이 계속 이어졌다. 그리고 또 다시 집중도가 떨어질 때쯤 김연아 선수가 무대에 올랐다. '인적 유산'을 주제로 한 개인적으로 감동적인 연설이 끝났다. 다소 딱딱할 수 있는 기술적인 부분 설명을 김연아 선수의 더빙으로 했다. 그것 또한 신선한 아이디어였다. 그다음 순서로 나온 문대성 위원의 기술적인 연설이 이어진 후 살짝 딱딱해진 분위기를 박용성 회장이 농담으로 풀었다. 뒤이어 한국의 장점들을 골라 만든 영상을 경쾌한 음악에 맞춰 보여줬고, 그다음 우리의 히든카드인 토비 도슨(Toby Dawson)이 무대에 올랐다. 미국으로 입양됐다가 올림픽 메달을 따고 이름을 알리면서 친부모를 찾게 된 그는 자신의 이야기를 아주 진솔하게 함으로써 진한 감동을 선사했다. 그 뒤 프레젠터로서는 마지막으로 무대에 오른 나는 우리의 진실성과 열정에 대해 다시 역설했다. 그리고 평창 동계 올림픽이 세계 어린이들에게 꿈과 희망을 주는 모습을 담은 영상으로 마무리했다."

그날 프레젠테이션에서 지루함이라곤 전혀 찾아볼 수 없다. 프레젠터를 수시로 바꾸고, 영상을 보여주고, 감동적인 일화를 들려주며 듣는 사람의 '뇌에 휴식을' 줬기 때문이다.

그녀의 전략은 적재적소에 임팩트를 줌으로써 청중의 관심을 확실하게 잡는 것이었다. 또한 논리와 감성으로 멋진 스토리를 나열하여 청중이 우리와 함께 여행하는 것처럼 프레젠테이션을 구성하는 데 신경을 썼다.

10분이 지나지 않았는데 청중이 집중하지 않는다면 ◑

10분이 채 지나지도 않았는데 청중이 졸거나 피곤해하는 것을 느낀다면 어떻게 해야 할까? 쉬는 시간을 미리 당겨 쉬게 하는 방법도 있다. 하지만 강의를 중간에 끊을 수 없다면 "여기까지만 다루고 쉬는 시간을 갖겠습니다"라고 미리 이야기해 청중의 힘을 북돋는 것이 좋다.

앞에서 다룬 스팟을 사용하는 것도 좋다. 스트레칭이나 퀴즈가 가장 보편적이다. 오랫동안 한 곳에 엉덩이를 붙이고 앉아 있는 청중을 강사가 배려하는 마음을 가지고 스팟을 진행하면 청중이 그 마음을 알고 고마움을 느끼기도 한다.

스팟은 적재적소에 사용해야 한다. 청중이 지루해 보인다고 갑자기 핵심과는 상관도 없는 퀴즈를 내거나 생뚱맞은 영상을 보여주면 강의의 흐름은 뚝 끊긴다. 청중은 얼떨떨할 수밖에 없다. 스팟은 되도록 강의와 밀접한 것이 좋다.

좋은 PPT를 만드는 3S

이기고 들어가는 전쟁을 위해 적을 분석하고 전략 전술을 완벽하게 짰다면 이제는 적을 무찌를 무기를 만들어야 한다. PPT 자료가 여기에 해당한다.

아무리 전략 전술이 뛰어나도 칼이 녹슬어 있으면 적을 무찌를 수 없다. PPT가 아마추어 같이 보이면 강사가 아무리 말을 잘해도 프로 강사라고 느끼지 못한다. 앞에서 이야기했듯이 뇌에 입력되는 자료의 90%는 시각정보다. 시각을 만족하지 못한 청중은 흥미를 잃고 강의 내용 또한 지루하게 느낀다. 그렇다고 PPT 자료가 너무 화려하면 청중이 시각 자료에 홀딱 빠져들어 강의의 주인공이 강사가 아닌 PPT가 주인공이 된다.

그렇다면 어떻게 PPT를 만들어야 할까? 3S의 원칙이 정답이다. Scrap(스크랩), Simplification(단순화), See(가독성)를 말하는 것이다.

Scrap, 자료를 모아라, 끊임없이 ☝

강사는 자료를 모으기 위해 평소에도 강사의 시선으로 많은 것들을 접하고 좋은 강의의 재료가 될 만한 콘텐츠를 스크랩(Scarp)하고 확보하는 습관을 길러야 한다. 그것이 강사의 자산이 된다. 뛰어난 검색 능력이 뛰어난 강사를 만든다.

주제가 정해지면 가장 먼저 강사는 관련 책을 찾거나 컴퓨터를 켜고 검색창에 주제에 관련된 단어부터 두드릴 것이다. 그렇게 검색된 내용들을 확인하다 보면 또 연관된 단어들을 찾을 수 있을 것이다. 그러면 또 그 단어를 검색하거나 문장을 검색해 꼬리에 꼬리를 무는 식으로 자료를 검색한다. 뿐만 아니라 강의 PPT에 넣을 이미지, 동영상, 통계자료 역시 검색해야 한다.

나는 주로 구글에서 검색을 하는 편이다. 구글은 키워드 검색과 옵션 검색 기능이 강력하다. 보통은 자료를 검색할 때 단어만을 쳐서 검색하는데 수많은 정보가 쏟아진다. 예를 들어 '강의 잘하는 법'을 검색하면 '강의'와 '잘하는 법'에 관한 내용들이 모두 검색된다. 당신이 '강의 잘하는 법'에 대해서만 알고 싶은데도 말이다. 이때 '강의 잘하는 법'으로 단어만 검색하지 말고 '강의 잘하는 법'이라는 글자에 따옴표를 붙여 "강의 잘하는 법"으로 검색한다. 그러면 검색어 "강의 잘하는 법"이 통째로 담긴 자료들만 검색할 수 있다. 강의 잘하는 법과 강의 자료에 관한 내용이 덧붙은 것을 검색하고 싶다면 "강의 잘하는 법"+"강의 자료"라고 쳐 넣으면 된다.

'강의 잘하는 법'에 대한 PPT, PDF, HWP 파일도 검색이 가능하다. '검색어+filetype:파일형식'으로 검색하는 것이다. 그러니까 '강의잘하는법 filetype:ppt', '강의잘하는법 filetype:pdf', '강의잘하는법 filetype:hwp'라고 치면 된다. 강의 자료를 스크랩하거나 관련 내용들을 공부할 때 활용해보길 바란다. 단, 앞에서도 언급한 바 있지만 표절강사가 되어서는 안 된다. 다른 이의 자료를 내것으로 만드는 훌륭한 모방강사가 되길 바란다.

Simplification, 단순하고 깔끔하게 만들어라 ⬆

《어린 왕자》의 저자 생텍쥐페리는 "완벽이란 더 이상 보탤 것이 없을 때 이루어지는 것이 아니라 더 이상 없앨 것이 없을 때 마침내 이루어지는 것이다"라고 했다. 알베르트 아인슈타인(Albert Einstein)도 "더 이상 단순해질 수 없을 때까지 최대한 단순하게 만들어라"라고 했다. 르노 닛산 얼라이언스 최고 경영자 카를로스 곤(Carlos Ghosn)은 "아마추어는 문제를 복잡하게 만들고 프로는 문제를 단순하게 만든다"라고 했다. 한 슬라이드에는 하나의 핵심만을 담아 최대한 단순하게 만드는 것. 이것이 대원칙이다.

교육심리학자 리처드 메이어(Richard E. Mayer)는 논문 〈멀티미디어 학습에 대한 인지이론〉에서 멀티미디어를 효과적으로 활용하는 원칙 네 가지를 제시했다. 첫 번째는 멀티미디어 표현 원칙이다. 앞에서도 설명했지만 글과 그림을 함께 사용해 PPT를 만들어야 한다. 청중의 이해력을 높이고 강의를 재미있게 만들 수 있다.

두 번째 근접성의 원칙이다. 글과 그림을 따로 보여주지 말고 둘을 가까이 배치하는 것이다. 실험 결과 글과 그림이 따로 실린 자료로 공부한 학생들보다 글과 그림이 함께 실린 자료를 공부한 학생들이 75%나 더 나은 성적을 올렸다고 한다.

세 번째는 주의분할의 원칙이다. 말로 설명할 수 있는 건 말로, 눈으로 봐야 하는 건 시각 자료로 보여주라는 뜻이다. 초보 강사들은 말로 설명할 수 있는 것도 굳이 PPT에 적어놓는다. 슬라이드가 준비되지 않은 상태에서 말만 많아지는 것도 문제지만, 슬라이드가 너무 많아 끝날 듯 끝나지 않는 PPT를 청중이 계속 봐야 한다면 그것 역시 지루한 강의가 될 수밖에 없다. 어떤 내용을 PPT에 포함시켜야 하는지 꼭 필요한 내용만 선정해 PPT로 만들어야 한다. 특히 초보 강사들은 PPT 자료에 너무 많은 글을 싣는 실수를 범한다. 보기만 해도 지루할뿐더러 슬라이드에 글이 너무 많으면 청중은 강사의 이야기는 듣지 않고 화면에 적힌 글을 읽기 바쁘다.

마지막 네 번째는 일관성의 원칙이다. 핵심과 관계없는 글과 그림은 PPT에 넣지 마라. 간혹 슬라이드를 예쁘게 꾸미겠다고 강의 주제와는 전혀 관련 없는 이미지를 삽입한다. 또는 관련이 있다고 생각해 넣은 사진인데 청중이 알아채지 못하는 경우도 있다. '고객의 지갑을 여는 판매 스킬'을 강의한다면 첫 슬라이드에 고객이 지갑이나 카드, 돈 등을 꺼내고 있는 이미지를 삽입하라.

PPT에 글을 적게 사용하라고 했지만 강의 주제나 목적에 따라 가끔 텍스트를 많이 쓸 수밖에 없는 경우도 있다. 그럴 경우 한 슬라이드에 글이 다섯 줄 이상 넘어가지 않도록 주의하라. 또한 한꺼번에 글을 보여주기보다는 PPT 프로그램의 애니메이션 효과를 활용해 한 줄 한 줄 화면에 나타나게 하는 것도 방법이다. PPT의 글을 청중이 눈으로만 읽게 하지 말고 강사가 내용을 읽어 주거나 함께 소리 내 읽어봐도 좋다.

See, 잘 읽히고 잘 보여야 한다 🎤

청중이 슬라이드를 바라봤을 때 잘 읽히고 잘 보여야 한다. 이 것을 가독성이라고 한다. 가독성을 높이기 위해 주의해야 할 점을 몇 개 꼽아보겠다.

첫째, 폰트. 폰트마다 느낌이 다르다. 강의 주제와 청중의 연령에 따라 맞는 느낌을 찾아보라. 개인적으로 신뢰감이 드는 '맑은 고딕'을 추천한다. '휴먼매직체' 같은 폰트는 가벼워 보인다. 물론 강의 주제가 가볍거나 청중의 연령이 어리다면 딱딱한 글씨체보다 낫다. 헤드라인을 보충 설명하는 폰트로 활용해도 좋다. 전체 슬라이드에 걸쳐 폰트를 통일하는 것은 기본 중의 기본이다.

다른 컴퓨터에도 흔히 있는 폰트를 사용하는 것이 좋다. 강의실에서 자신의 노트북을 사용하지 못하고 강의실 컴퓨터를 사용해야 하는 경우가 있는데 강의실 컴퓨터에 PPT에 사용한 폰트가 없을 경우 폰트가 깨져버리는 사고가 발생할 수 있다. 꼭 사용하고 싶은데 특이한 글씨체라 깨질 것이 염려된다면 '그림으로 저장'

기능을 이용한다. 슬라이드를 만든 후 글에 마우스 포인터를 두고 우클릭한 후 '그림으로 저장'을 누르면 글씨를 그림 파일로 저장할 수 있다. 필요 시 활용하기 바란다.

둘째, 글씨 크기. 강의실이 넓으면 글씨 크기를 크게 키워야 한다. PPT 슬라이드를 만들면서 전체화면으로 놓고 글이 잘 보이는지 확인하고 강의 장의 크기를 고려해서 만들어야 한다. 강사는 강의실에 미리 도착하면 제일 먼저 빔 프로젝트를 켜고 PPT를 띄워본다. 그리고 강의 무대에서 가장 먼 곳에서 슬라이드를 청중의 시각으로 바라보고 잘 보이는 지 체크해야 한다. '맑은 고딕'을 기준으로 24pt 이상으로 만들면 무난하다.

셋째, 글씨 색깔. 슬라이드 배경을 고려해 눈에 잘 띄는 색을 사용한다. 슬라이드 배경을 검정색으로 했다면, 노란색이나 흰색 등을 사용해서 잘 보이도록 해야 한다. 가끔 강사 중에 흰색 바탕에 형광노란색으로 폰트의 색깔을 사용해 잘 보이지도 않고 눈에도 색깔 자체가 불편하게 느껴진다. 배경에 따라 글씨가 잘 보이는지에 대한 체크도 반드시 하도록 하라. 특히 사진 위에 글을 깔때 사진의 색감 때문에 글이 잘 보이지 않기 마련이다. 이럴 경우에는 글이 올라가는 부분에 단색 배경을 깔아주면 된다. 단색 배경이 사진을 가리는 것이 염려된다면 배경을 반투명하게 만들면 된다. PPT 툴로 도형을 만든 후 도형 위에 마우스 포인터를 놓고 우클릭한다. 맨 아래 '도형 서식'을 클릭해 도형의 투명도를 조절하면 도형 안에 사진 이미지가 비치도록 만들 수 있다.

넷째, 배경. 강의실이 밝으면 어두운 색을, 강의실이 어둡다면 밝은 색을 사용하라. PPT에 사진이 많다면 검은색 배경을 사용하라. 사진이미지가 훨씬 눈에 잘 띈다.

그 외에도 사진 해상도 동영상을 활용할 때도 영상이 깨지지 않는지, 소리는 잘 나오는지 반드시 체크해야 한다.

다섯째, 시간. 슬라이드 당 3분에서 5분 정도 강의 시간을 할애하도록 만들어야 적당하다. 너무 짧으면 청중이 슬라이드를 읽느라 정신없고, 너무 길면 청중이 지루해한다.

이 꼭지에서 PPT를 모두 담아내기란 불가능하다. 강사라면 PPT를 따로 배우는 것을 추천한다. PPT 자료도 강사의 디자인 센스에 따라 실력의 차이가 있다. 프로 강사들이 사용하는 PPT라도 촌스러운 경우가 있다. PPT 전문 업체에 맡기는 것도 좋지만 강의 내용을 내가 가장 잘 알고 있기 때문에 PPT 자료는 본인이 만드는 것이 좋다. 가장 기본이 되는 3S의 원칙대로 당신의 디자인 센스를 더하고 PPT 기능들을 배우고 많이 만들어보면서 스킬을 키워야 한다. 강의 자료를 검색하거나 좋은 디자인을 모아 활용하라. 인터넷에서 찾아보면 PPT 디자인을 다룬 유명한 블로그와 사이트가 많다. 일면식도 없지만 개인적으로 내가 좋아하는 PPT스타일이라 추천하자면 이혜강의《파워포인트 FOR 인포그래픽》을 추천한다. 혹은 그녀가 운영하는 블로그 〈친절한 혜강씨〉를 둘러보고 활용할 이미지를 찾거나 제작하는 법을 배우는 것도 좋다.

강의 시 필요한 PPT를 만드는 법이 궁금하거나 PPT에 대해 컨설팅받기를 원한다면 언제든 내 이메일로 연락해도 좋다.

자산 업그레이드에 게으름 부리지 마라

1995년 삼풍백화점은 공사 때부터 문제가 많았다고 한다. 옥상의 설비 장치가 원래 설계하중의 네 배를 초과했으며 마땅히 들어가야 할 철근들을 무더기로 뺀 것이 붕괴의 원인이었다. 부실시공으로 인해 벽의 곳곳에는 균열이 일어났고 옥상 바닥에 금이 가고 붕괴 위기에 처했지만 아무런 대책을 취하지 않았다. 위험을 알리는 건물의 흔적들을 발견하고 바로 조치를 취했다면 대형사고로 이어지지 않았다고 전문가들은 말한다.

대형사고가 발생하기 전에 수많은 경미한 사고와 징후들이 반드시 존재한다. 이를 하인리히 법칙이라고 한다. 허버트 윌리엄 하인리히(Herbert William Heinrich)가 펴낸 《산업재해 예방: 과학적 접근》책에 나오는 개념이다. 하인리히는 산업재해 사례를 분석하다가 법칙을 하나 발견했다. 산업재해가 발생해 중상자 한 명이 나오면 그 전에 같은 원인으로 발생한 경상자가 스물아홉 명,

같은 원인으로 부상을 당할 뻔한 잠재적 부상자가 삼백 명이 있었다는 사실이었다. 큰 재해와 작은 재해, 그리고 사소한 사고의 발생 비율이 1:29:300이라는 뜻이다. 그래서 하인리히 법칙은 1:29:300법칙이라고도 부른다. 큰 사고는 우연히 또는 갑작스럽게 발생하는 것이 아니라, 이전에 반드시 경미한 사고들이 반복된다. 그래서 사소한 문제가 발생했을 때 그 원인을 파악하고 문제점을 곧바로 시정하면 대형사고를 방지할 수 있다. 반면 문제점을 발견하고도 방치하고 무시하면 절대 돌이킬 수 없다.

업그레이드하지 않으면 대형사고로 이어진다 ☕

아는 분이 책을 출간한 후 강연을 열었고 나를 그 강연에 초대했다. 그의 책을 읽어보니 그동안 겪었던 숱한 역경과 고난, 그리고 의연하게 이를 이겨낸 에피소드들이 심금을 울렸다. 강연 역시 많은 청중들의 가슴을 두드리며 희망을 줄 수 있으리라는 기대를 안고 강연에 참석했다.

그는 강의 시작 전 "내가 가장 멀리서 왔다고 생각하시는 분 손 한번 들어주시겠어요?" 하는 등 간단한 아이스브레이크로 청중과 친밀감을 형성하고 어색함을 풀어가는 한편 강연에 참석해준 것에 대한 고마움을 표현하고 강의를 시작했다. 하지만 막상 PPT를 보니 기대와 달랐다. 우선 너무 많은 동영상을 활용하는 바람에 주어진 강연 시간보다 10분 이상을 소비했다. 또한 동영상을 PPT 자료에 포함시키지 않고 유튜브로 연결해 보여주는 등 시각 자료의 교체가 정신이 없는 느낌이었다. 또 책에 담긴 모든 내용을 다 전달하느라 급급했다. 자신의 학창시절부터 회사에서의 이야기, 순탄치 못했던 결혼생활, 아픈 아이로 인해 짊어져야 했던 짐까지. 그래서 책으로 읽었을 땐 감동적이었던 이야기들이 도리어 전혀 와닿지 않았다.

그가 너무 걱정돼 강연 중간에 청중의 분위기가 어떤지 둘러봤다. 의외로 청중은 그를 주시하며 강연을 잘 듣고 있었다. 스스로 강연에 참석한 사람들이었고 강연 시간이 1시간밖에 되지 않아 그나마 가능한 일이었다. 만약 강제로 끌려온 기업 강의의 직원들을 대상으로 했다면 그들은 집중하지 않았을 것이 뻔하다.

나는 며칠 후 그에게 강연을 들은 후기를 이야기하며 강연의 피드백을 이메일로 보내주었다. 다행히 그는 기분 나빠하지 않고 감사 인사를 전했다. 그리고 몇 주일 후 그는 또 강연을 하게 되었다며 내게 참석 여부를 물었고 나는 그를 돕기 위해 다시 한 번 참석하기로 했다. 그런데 그는 내 피드백을 전혀 반영하지 않았다. 첫 강연과 토씨 하나 다르지 않게 진행했다. 강연을 마친 후 왜 강연을 수정하지 않았는지 묻자 너무 바빠서 수정할 시간이 없었다고 했다.

나는 그런 그가 참 안타까웠다. 단 몇 시간만이라도 시간을 내서 부족한 부분을 수정하고 더 탄탄히 준비했더라면 훨씬 좋은 강연을 할 수 있고 청중을 감동시킬 수 있었을 것이기 때문이다. 후에 그의 강연은 무료에서 유료로 전환됐는데 서른 명 모집하는 강연에 겨우 다섯 명만이 참석 의사를 밝혀 강연이 취소됐다는 이야기를 들었다. 그의 이전 강연에 참여한 청중들이 안타깝게도 그들이 들인 시간에 비해 얻어갔던 것이 부족했고, 이 때문에 강연 후기가 좋지 않은 것이 원인임을 쉽게 알 수 있다.

아무리 바빠도 자료를 조금이라도 수정하고 강연 내용을 정리하는 등 강연을 업그레이드했더라면, 그래서 자신의 강연을 위해 기꺼이 귀한 시간을 내준 청중에게 단 하나의 이익이라도 줬더라면, 강연을 들은 청중은 강연 후기를 긍정적으로 작성했을 것이다. 그리고 그것을 본 다른 사람들은 그의 강연에 참석하기 위해 시간을 냈을 것이고, 그러면 강연이 취소되는 불상사는 일어나지 않았을 것이다.

머무르지 말고 움직여라 🌱

어떤 강사의 강의를 3년 전에 재미있고 유익하게 들은 기억이 있어 최근에 하는 강연에 또 참석하게 됐다. 그런데 그 강사는 3년 전에 했던 똑같은 PPT 자료로 강의했고, 심지어는 예시까지 하나도 변한 것이 없었다. 2017년인 지금 2014년 통계 자료를 보여주며 설명했다.

의외로 하나의 자료만으로 '재활용강의'를 하는 강사가 많다. 참 안타깝다. 완전히 새롭게 만들라는 이야기가 아니다. 변하는 상황과 업그레이드된 자료, 그리고 트렌드를 반영해 계속 다듬고 업그레이드하라는 이야기다. 강사는 청중을 일일이 기억하지 못하지만 청중은 강사와 그의 강의 내용을 기억한다. 앞에서 들었던 예와 같이, 재미나게 들었던 강사의 강의를 다시 들었는데 이전 강의와 변한 것이 없으면 크게 실망한다. 그러면 강의 후기는 당연히 나빠질 수밖에 없다.

청중이 항상 바뀌기 때문에 강의마다 청중 분석을 새롭게 해 그에 맞게 내용과 구성, 멘트 등을 조금씩이라도 바꿔라. 또한 PPT 자료는 단 한 장이라도 새롭게 추가하거나 변경하라. 사례도 지금 내 앞에 있는 청중이 공감할 수 있는 것들로 그때그때 준비하라. 늘 같은 내용으로 강의하는 것은 강의를 들으러 시간을 내준 청중에 대한 기만이다.

강의를 진행한 날에는 스스로 강의를 평가하거나 강의 후기를 바탕으로 강의 평가서를 작성하고 다음 강의 시 반영하도록 한다. 그렇게 조금씩 업그레이드하다 보면 어느 날 전혀 다른 새로운 강의가 돼 있는 것을 발견할 수 있다.

인기 강사의 경우 쏟아지는 강의 요청과 빡빡한 스케줄 때문에 강의 자료를 업그레이드할 시간조차 내지 못한다. 나는 차라리 일정을 미루거나 거절하라고 권한다. 그렇게 빠듯하게 강의를 진행하면 후에는 질 낮은 강의를 할 수밖에 없다. 강의하는 목적이 무엇인지 되짚고, 이미 프로더라도 강의를 준비하고 청중을 위하는 마음은 초보강사일 때처럼 해야 한다.

강의 자료는 강사의 자산이자 무기다. 자산을 쌓고 무기를 갈고 닦는 일인데 그것을 게을리하는 것은 모순이다. 당장 금전적이득이나 명예만을 따지지 말고, 항상 자신의 자산이자 무기인 강의 자료를 업그레이드하는 데 힘쓰기 바란다.

유용한 사이트 모음

통계사이트

국가통계포털
http://kosis.kr/index/index.jsp
국내외 통계를 한곳에 모아놓은 사이트

한국갤럽조사연구소
www.gallup.co.kr
정치, 사회, 마케팅, 소비자 자료

학술연구정보서비스
www.riss.kr
학위논문 학술지 자료 제공 사이트

국가지표체계
www.index.go.kr
사회, 경제, 문화 등 각종 분석자료 제공

주민등록 인구 통계
http://www.mois.go.kr/frt/sub/a05/totStat/screen.do
총 인구, 세대, 지역별 검색 가능

저작권이 없는 무료 이미지 사이트

www.pixabay.com
www.gratisography.com
www.picjumbo.com
www.unsplash.com
www.splitshire.com
www.pexels.com

4장

제대로 **전달**하는
베테랑의
강사력

프로 강사의 강사력, 무엇이 다른가

강사의 필수 조건은 무엇일까? 다소 촌스러운 듯하지만 외우기 쉽도록 '강강태' 세 글자로 이름 지어본다. 강의력, 강사력, 태도다.

강사 강강태를 기억하라	
Knowledge 강의력	콘텐츠를 만드는 능력
Skill 강사력	콘텐츠를 전달하는 기술
Attitude 태도	강사로서 갖춰야 할 자세

2장에서 지식을 바탕으로 콘텐츠를 구성하고 강의교안을 만드는 능력을 강의 능력, 곧 '강의력'이라고 언급한 바 있다. 2장과 3장에서 강의력을 키웠으니 이번에는 전달하는 기술, 즉 '강사력'

을 익혀야 할 차례다.

부유모유자부유父有母有子不有라는 말이 있다. '부모가 안다고 해서 자식까지 아는 것은 아니다'라는 뜻이다. 부모가 알고 있는 것을 자식에게 가르쳐도, 잘 가르치지 않으면 자식이 알 수 있을 리 없다. 마찬가지로 강사가 아는 것을 청중에게 이야기했다고 해서 청중이 아는 것은 아니다. 청중이 당신의 강의를 이해하고 청중의 행동에 변화가 일어나야 제대로 가르치고 제대로 배운 것이라고 할 수 있다.

프로 강사는 어떤 강사력을 갖추고 있을까? 🔍

프로 강사는 오늘 처음 만난 청중과 짧은 시간에도 몇 마디의 이야기로 아주 빠르게 친해진다. 특유의 친밀감으로 강사는 청중을 자신의 편으로 만들어 강의를 진행한다. 자신의 편으로 청중을 확보한 강사는 무대를 여유롭게 즐기고 긴장감이라고는 찾아볼 수 없다. 모든 청중은 그의 말에 공감한 듯 끄덕이며 따뜻한 미소로 집중해서 그의 강의를 듣는다. 대체 그 프로 강사는 청중에게 무슨 짓을 한 것일까?

프로 강사는 강의 목적대로 강의를 진행하며 강사가 어떤 역할을 하는 사람인지를 아주 잘 알고 있다. 그래서 강사의 강의가 어떤 제품을 사용하는 것이 좋다고 권하면 괜히 사서 써보고 싶은 마음이 들기도 하고 또 '칭찬을 습관화해야 한다'라고 하면 칭찬을 습관화하는 사람으로 살고 싶게끔 느껴지고 강사의 말대로 행동하게 된다. 어떻게 청중을 행동하도록 설득한 것일까?

강사하면 역시 '말빨'을 빼놓을 수 없다. 프로 강사의 말은 아주 맛있다. 한 마디 한 마디가 찰지고 귀에 쏙쏙 들어온다. 프로 강사가 말을 잘한다는 건 들어보면 알긴 알겠는데 대체 프로 강사처럼 말을 잘하려면 어떤 것을 어떻게 배워야 하고 어떻게 말을 표현해야 할까?

프로 강사는 입으로만 말하지 않고 온몸을 사용해가며 청중을 한 번에 휘어잡는 강한 에너지와 열정이 넘쳐난다. 강의를 즐기고 있다는 느낌이 들고 자신이 하고자 하는 핵심메시지를 진심으로 전하고 있다. 초보강사와 무엇이 다르기에 프로 강사의 말은 진정성이 느껴지는 것일까? 또 프로 강사는 배우처럼 손을 자유자재로 쓰고 무대 위를 활보한다. 그 모습이 참 자연스럽다. 그 비결이 무엇일까?

프로 강사의 강의는 한 편의 드라마를 보는 것 같다. 금세 깔깔 거리고 웃었다가 또 감정이 북받쳐 눈물이 나기도 한다. 청중을 속속들이 모두 다 잘 알지도 못할 텐데 어떻게 그 감정들을 공감하게 이끌고 그들의 감정을 움직인 것일까?

'프로 강사의 강사력'을 간추려보면 프로 강사가 갖춘 기술은 다음과 같다. 청중과 친밀감을 형성하고 그들을 내 편으로 만드는 '유혹의 기술', 청중의 행동을 변화하게 하는 '설득의 기술', 지식과 정보를 전달하는 '스피치의 기술', 청중의 쉽게 이해시키는 '설명의 기술', 몸으로 하는 비언어적 커뮤니케이션의 '바디의 기술'

이 바로 그것이다. 이 모든 기술을 가진 강사의 강의를 들으면 진한 여운을 남기는 한 편의 드라마를 본 듯한 느낌을 받게 한다.

앞서 청중이 가장 처음에 강사의 외모와 슬라이드 화면의 첫 장으로 강의를 들을지 말지를 평가한다고 했다. 그다음 강사가 준비한 PPT 자료로 평가한다. 이것들을 모두 통과해 청중이 정말 강의를 듣기 시작하면 강사의 강사력이 그날 강의의 성공을 판가름한다.

강사력은 하루아침에 만들어지지 않는다 🍂

고대 그리스의 웅변가이자 정치가인 데모스테네스(Demosthenes)는 목소리가 작고 선천적으로 말을 더듬었다. 그가 하는 연설은 아무도 들으려 하지 않았다. 그는 청중의 싸늘한 반응에 혹독한 연습을 하기 시작했다. 말더듬과 부정확한 발음을 고치기 위해 조약돌을 입에 물고 연습했고 말을 할 때마다 왼쪽 어깨를 올리는 습관을 고치려고 천장에 칼까지 매달아놓고 연습했다.

데모스테네스 외에도 처칠, 케네디 등 많은 리더들이 말을 더듬거나 말에 대한 콤플렉스를 갖고 있었지만 연습을 통해 훌륭한 연설가로 거듭났다. 미국의 28대 대통령 우드로 윌슨(Thomas Woodrow Wilson)은 난동증과 주의력결핍장애를 겪었지만 자신의 약점을 수많은 연습과 노력으로 극복했다.

강사력은 꾸준한 연습과 노력이 필요하지만 섣불리 걱정하지 않아도 된다. 노력해서 안 되는 것은 없다. 또한 강의력이 부족하더라도 철저한 연습과 노력으로 자주 강의 무대에 서는 경험 역시 중요하다.

나는 어릴 적부터 배우가 꿈이었다. 관련 학과에 진학해 공부하고 2년 동안 소속사에 소속돼 배우로 활동했다. 소속사에서 발성, 발음, 연기, 표현력 등을 공부했다. 그때 익혔던 것들이 강사 일을 하는 데 많은 도움이 됐다. 어쩌면 배우는 강사를 하기 위해 잠깐 거친 과정이라는 생각이 가끔 든다.

지금 생각하면 나는 그리 열정적이거나 간절하지 않았다. 많은 배우들이 적은 수입으로도 수년, 길게는 20년이 넘게 꿈을 포기하지 않고 악착같이 버텨냈다는 일화를 들으면 나는 애초에 그 길을 갈 사람이 아니었다는 생각이 든다. 그런 훌륭한 배우들에 비해 나는 고작 2년 활동하고 포기했다. 이런저런 작품들에 출연하기는 했지만 고작 한마디하고 사라지는 단역인지라 자존심이 많이 상했고, 상처도 많이 받았다. '내가 할 수 있는 일은 이게 아닌 것 같다'라는 생각을 했다.

다만 연기 수업만큼은 열심히 다니면서 잘 배우려고 노력했다. 혀가 짧아 발음도 좋지 못했고 고등학교 때까지 전라도에서 살았기 때문에 사투리 또한 심했다. 아무리 표준어를 쓰려고 노력해도 사투리 억양을 고치지 못했는데, 배우로 활동하며 발음과 사투리를 고치려 부단한 노력을 했던 것이 지금 강사로서 활동하는 데 굉장히 많은 도움이 되었다.

강의를 처음 시작할 때도 많이 부족했지만 강의에 대한 열정으로 공부하고, 강의무대에 자주 서는 경험을 통해 새로운 지식을 획득했다. 당시 나는 아무것도 몰랐지만, 당신은 지금 배우려는 열정을 갖고 있고, 관련 책을 읽고 있으며, 이미 현명하게 노력하며 잘하고 있다. 당신은 '제대로' 시작하고 있기 때문에 나보다 더 뛰어난 강사가 될 수 있다.

이제부터 내가 배우 생활을 하며 익혔던 것들과 강사로서 12년간 활동하며 익힌 기술을 빠짐없이 전달하겠다. 이를 잘 익히고 연습해 강사력을 키우는 것은 오로지 당신의 노력에 달려 있다.

청중을 내 편으로 만드는 '유혹의 기술'

라포르(Rapport)는 '조화로운 또는 마음이 통하는 커뮤니케이션'을 뜻한다. 《90초 첫인상의 법칙》의 저자 니콜라스 부스먼(Nicholas Boothman)은 라포르를 '상대방의 세계로 들어가 그 사람에게 자신이 이해받고 있으며 서로가 밀접한 공통점을 갖고 있다는 느낌이 들게 하는 능력'으로 정의한다. 그에 따르면 라포가 형성되면 인간적인 관계를 신속하게 형성할 수 있으며, 외모, 행동, 말, 상대방의 관심을 끄는가, 상대방을 어떻게 느끼도록 만드는가에 따라 라포르의 질이 결정된다.

청중을 내 편으로 만들기 위해서는 청중과 라포르를 형성해야 하고, 그러려면 '생각이나 감정을 비언어적인 요소와 언어적인 요소가 일치된 진정성 강의로 서로 마음이 통하는 것을 찾고 공감'을 이끌도록 해야 한다. 이를 기억하기 쉽게 BMW로 정리했다. Body language(보디랭귀지), Message Voice(메시지 보이스),

Word(언어 표현)을 말한다.

청중과 라포르 형성을 위해 BMW하라	
Body language	외모, 표정, 시선, 몸짓
Message Voice	활기차고 힘 있는 목소리
Word	청중에게 들려주는 말

Body language—외모, 표정, 시선 🔊

보디랭귀지는 크게 외모, 표정, 시선으로 나눌 수 있다.

강사라면 첫인상에 신경 써야 한다. 외적인 부분이 강의 전 강사의 실력을 말한다고 해도 과언이 아니다. 장소와 청중에 맞게 의상을 선택하고 메이크업에도 신경 써라. 강사의 패션을 일일이 나열하기는 어렵지만, 패션 잡지를 보거나 의류 쇼핑몰을 수시로 검색하며 자신에게 맞는 옷을 찾는 노력을 해야 한다. 너무 화려하거나, 예의에 어긋나거나, 장소에 맞지 않는 의상을 선택하면 안 된다. 패션 센스보다 더 중요한 것은 깔끔하고 단정한 것이다. 가끔 강사의 흰 셔츠가 누렇거나 심하게 주름이 져 있는 경우가 있다. 꼭 비싸거나 멋진 옷을 입을 필요가 없다. 강의 주제와 강의 장소에 맞는 깔끔하고 단정한 옷을 입어라. 몸을 움직이는 데 불편함이 없는 것이 좋다.

표정의 경우 어떤 표정이 필요한지 당신도 이미 알고 있다. 밝고 따뜻한 미소다. 강사의 미소만으로도 청중은 마음의 문을 연다. 하지만 강의 무대에 올라간 순간에 갑자기 밝은 미소를 지으려 하면 얼굴에 경련이 일어난다. 억지로 미소를 짓는 것은 결코 쉽지 않다. 강사가 되고 싶다면 평소에도 늘 밝은 표정을 짓고 살아라. 평소 웃는 습관을 가져야 자연스러운 미소를 지으며 강의할 수 있고, 나아가 인상까지 밝고 긍정적으로 변한다. 강사가 강의 내내 웃어가며 강의하면 청중에게도 미소가 전염된다. 그러니 청중이 밝은 미소로 당신의 강의를 듣기 원한다면 당신이 먼저 밝은 미소로 대하라. 만일 청중의 표정이 어둡다면 자신이 지금 짓고 있는 표정부터 점검하라.

시선의 경우 경험이 적은 초보 강사들이 불편해하고 어려워하는 부분이다. 강사의 표정과 시선이 강의의 전체 분위기를 좌지우지 한다고 해도 과언이 아닌데, 표정의 경우 대부분 그 중요성을 잘 알고 또 어느 정도 잘하는 반면 많은 이들이 청중과 눈 마주치는 것을 힘들어한다.

강사는 청중과 눈을 맞춰야 한다. 강의무대에 서는 것이 떨리고 청중의 시선을 한 몸에 받는 게 부담스러워 허공을 바라보거나 그 누구와도 눈을 마주치지 않는다면 청중과 마음이 통하기 어려울 뿐더러 청중이 강사를 부정적으로 생각한다.

유명한 심리학 실험을 하나 소개한다. 생면부지의 남녀를 두 그룹으로 나눈 후 한 그룹은 아무런 지시 없이 남녀를 함께 있게 했고 다른 한 그룹은 남녀가 2분간 상대의 '눈'을 바라보게 했다.

그 결과 2분간 상대의 눈을 바라보게 했던 그룹에서는 "상대의 눈이 참 예쁘더군요", "눈을 바라보고 있으니 설렜어요"라는 반응을 보였다. 이 로맨틱한 실험의 결론은 '눈맞춤은 호감도를 높인다'라는 것이다.

청중의 호감을 사고 라포르를 형성하기 위해서는 눈맞춤이 필수적이다. 청중이 많으면 한 명 한 명 눈을 맞추기는 어려운데, 청중 전체를 Z자로 눈으로 훑거나 청중을 왼쪽, 가운데, 오른쪽 세 구역으로 나눠 한 구역씩 천천히 그리고 자연스럽게 바라본다. 그러면 청중은 강사가 자신들을 관심 있게 바라보고 있다는 생각에 더욱 강의에 집중하게 된다.

안경을 쓰고 있다면 가급적 벗고 강의에 임한다. 안경을 끼면 빛이 안경에 반사돼 강사의 눈빛이 잘 보이지 않아 강사가 어디를 보고 있는지 잘 판단되지 않는 경우가 있다. 꼭 안경을 착용해야 할 이유가 있지 않다면 벗는 것이 좋다. 앞이 잘 안 보이면 청중에게 시선을 제대로 보낼 수 없고 자신도 모르게 인상을 찌푸릴 수도 있으니 렌즈를 착용할 것을 권한다.

Message Voice-활기차고 힘있는 목소리 🌰

메시지를 전달하는 강사의 목소리는 활기차고 힘이 있어야 한다. 강사의 목소리에 따라 청중과 강의실 분위기는 달라진다. 보통 강사가 활기차고 밝은 에너지를 뿜어내는 목소리를 내면 청중도 덩달아 그 밝은 분위기에 휩쓸린다. 강의실의 분위기는 강사가 만든다.

나는 기운이 없을 때는 다시 기운을 찾을 때까지 전화통화도 삼간다. 목소리를 통해 듣는 사람에게 내 처진 기운이 전달되는 것을 알기 때문이다. 강사의 목소리가 처지면 청중도 강의장의 분위기도 처지고 그러면 라포르 형성은 더욱 어려워진다.

그렇다고 열정이 과한 나머지 흥분하면 안 된다. 흥분된 목소리가 좋게 들릴 리가 없다. 목소리 톤이 과하게 높아져 계속 듣고 있는 청중은 귀가 따갑고 괴롭기까지 한다. 목소리의 어조를 다르게 하며 강의하는 것은 말의 전달력을 높이는 데 좋은 방법이지만, 흥분으로 인해 계속되는 높은 어조의 목소리는 듣기 좋지 않다. 청중의 입장에서는 마치 가르치려는 느낌이 들고 혼을 내는 듯한 기분이 들기도 한다.

'목소리성형'이 한때 유행한 적이 있다. 보톡스로 성대 근육 일부를 마비시키는 시술로 중저음의 목소리를 내게 하는 효과가 있다. 강사에게 좋은 목소리는 하나의 장점이 되기도 하지만 나는 가장 좋은 목소리는 조금 얇은 목소리라도 열정과 유쾌함이 묻어나는 따뜻하고 자연스러운 목소리라고 생각한다. 목소리에 관해서는 네 번째 꼭지에서 더욱 자세히 다루겠다.

Word—청중에게 들려주는 말 🔈

라포르를 잘 형성하는 사람들은 '말이 잘 통한다' 이는 서로 비슷한 것을 찾았다는 의미이기도 하다. 청중과 라포르를 잘 형성하려면 기획의 단계에서 청중에 대해 꼼꼼하게 분석한 내용들을 바탕으로 당신과 통할 수 있는 공통점을 찾아야 한다.

부산에서 주부를 대상으로 강의한 적이 있다. 번화한 도시 옆에 바다가 있다는 점이 매력적이라 개인적으로도 좋아하는 도시다. 또 부모님의 첫 만남이 이루어진, 나를 지금 세상에 존재(?)하게 한 곳이기도 하다. 강의할 때 청중과의 라포르 형성을 위해 부산이 내게 특별한 도시임을 강조했다. 물론 내 강의를 들으러 온 청중이 세련되고 외모가 아름답다며 칭찬하는 일 또한 빼놓지 않았다. 청중은 부산에 대한 추억들을 이야기할 때부터 지역에 대한 자부심에 그들의 표정이 온화해지기 시작했고, 내 칭찬에 기분 좋은 밝은 미소로 화답했다. 팁을 하나 주자면 보통 그 지역에 대한 이야기를 함께 나누면 청중들은 즐거워하고 금세 친밀감을 느끼고 가까워진다.

청중과 라포르를 형성하고 친밀감을 형성하는 커뮤니케이션을 하기 위해서는 자신의 '약점'을 고백하는 것도 좋다. 1장 여섯 번째 꼭지에서 청중에게 우월감을 느끼게 하라는 것과 일맥상통한다. 미국 비영리 재단에서 운영하는 강연회인 TED의 대표이자 수석 큐레이터인 크리스 앤더슨(Chris Anderson)은 자신의 저서 《TED TALKS》에서 "청중을 무장해제시키는 가장 좋은 방법은 스스로 약점을 숨김없이 보여주는 것이다. 딱 봐도 터프한 카우보이가 술집에 들어가 재킷을 벗어 무기가 없다는 것을 확인시켜주는 것과 비슷하다. 순간 모두가 긴장을 풀게 된다"라고 했다.

힘들었던 과거와 아픔, 병치레 등을 이야기하면 청중은 그 이야기를 듣고 지금의 당신이 잘 지내기를 응원한다. 그렇다고 청중에게 '동정을 사기 위한 의도'로 약점을 드러내려 하면 안 된다. 약점을 드러냄으로써 무엇을 이야기하고자 하는가? 청중을 위한 목적이 더 강해야 한다.

앤더슨은 TED에 출연했던 브레네 브라운(Brene Brown)의 연설을 예로 들어 자신의 약점을 진심으로 청중과 나누기를 조언한다. 브라운의 연설은 다음과 같다.

"틀에 박힌 사연이나 억지로 짜 맞춘 사연을 말하면, 청중은 속았다는 인상을 받을지도 모릅니다. 메시지에 반감을 품을 수도 있어요. 자신의 약점을 솔직하게 밝히는 것과 과도하게 드러내는 것은 다릅니다. 약점에 경계가 없다면 그것은 약점이 아닙니다. 간단한 공식이죠. 청중과 연결 고리를 만들기 위한 것이든, 주의를 끌기 위한 노력이든 모두 마찬가지입니다. 경계가 없으면 약점을 노출한 게 아니고 청중의 공감을 끌어낼 수도 없어요. 이를 확인하는 최선의 방법은 '자신의 의도가 무엇인지 점검해보는 것'입니다. 당신이 약점을 알리는 이유가 청중을 위해서인가요? 그것 외에 바라는 게 있나요? 다른 목적을 위한 수단인가요? 전자는 매우 강력하죠. 하지만 후자는 청중과의 신뢰를 깹니다."

청중을 설득하는 '설득의 기술'

레토릭(Rhetoric), 즉 수사학은 BC 5세기경 고대 그리스 아테네에서 발생한 실용적인 학문이다. 판결에 배심원들의 의견이 중요했기 때문에 배심원들을 설득하는 기술로 수사학을 연구하기 시작했다. 수사학은 '설득을 위해 말을 잘하는 방법' 즉 '설득의 기술'이라고 말할 수 있다.

수사학의 선구자 키케로는 발견, 배치, 표현, 기억, 연기의 다섯 가지 요소로 설득을 말한다. 이는 곧 설득을 위한 순서다.

발견 ⚓

청중을 설득하기 위한 이야깃거리를 발견함을 의미한다. 주어진 문제에 대해 찬반 주장을 생각해본 후 자신에게 가장 유리한 주장을 선택하고, 반박할 근거를 찾는 것이다. 그럴듯한 주장이라고 해서 모두 적합하거나 분별 있는 것은 아니다. 청중의 마음을 가장 잘 사로잡을 수 있는 주장을 찾아야 한다.

수사학의 선구자 중 하나인 아리스토텔레스는 설득의 3요소로 '에토스, 파토스, 로고스'를 제시하는데, 이것이 곧 발견의 3요소라고도 할 수 있다. 에토스는 약 60%를 차지하고 파토스는 30%, 로고스는 10%를 차지한다.

에토스는 말하는 이의 품성과 인격, 신뢰성 등을 말한다. 즉 말하는 이가 '믿을 만한 사람'으로 보여야 청중과의 관계를 구축하며 유대감을 쌓을 수 있다는 뜻이다. 바로 앞에서 다룬 '라포르 형성'이 에토스적인 설득이라고 할 수 있다. 발견에서 가장 중요한 부분이기에 앞서 수차례 청중과의 친밀감 형성의 중요성을 언급한 바 있다.

파토스는 슬픔, 흥분, 사랑, 즐거움, 아픔, 두려움 등 감정적인 것을 이야기한다. 감정에 호소해서 이야기해야 설득력이 크다는 뜻이다. 고대 로마 제정 초기의 웅변가이자 수사학자 쿠인틸리아누스(Quintilianus)는 "옳고 그름을 따지되 청중을 즐겁게 하고 때로는 감정적으로 호소하여 마음을 휘저어놓지 못하면 어떤 명분으로도 설득할 수 없다"라고 했다. 영화를 예로 들면, 내 감정을 다양하게 흔드는 영화일수록 재미있다고 느낀다. 슬픈 영화라도 감초 연기를 펼치는 조연들 덕에 중간중간 재미를 느낀 영화가 그저 슬프기만 한 영화보다 더 오래 기억에 남고, 코미디 영화라도 그 속에 감동적이고 진지한 주제를 넣은 영화가 보면서 웃기만 한 영화보다 더 재미있다고 느낀다. 강의를 진행할 때도 청중의 감정을 이리저리 흔들면 설득력을 높일 수 있다.

마지막 세 번째는 로고스다. 발견의 3요소 중에 10%를 차지하는 로고스는 논리적이고 이성적인 설명이다. 에토스나 파토스에 비해 차지하는 비중이 적지만 유대감을 형성하고 감정에 호소했다 할지라도 전달하려는 메시지가 논리적이지 못한다면, 청중을 설득할 수 없다. 강사는 논리적인 설명을 위한 뉴스, 통계, 수치 등을 활용한 객관적 자료와 예시, 사례 등을 준비해 청중에게 명확한 증거를 제공해야 한다.

정리하자면 청중을 설득하기 위해서는 청중과 라포르를 형성해 유대감을 쌓고(에토스), 청중의 감정을 움직이며(파토스), 논리적인 설명으로 이해시킬 수 있어야 한다(로고스).

배치 🌳

앞서 이야기한 콘텐츠 구성이 배치에 해당한다. 강의의 흐름을 이야기하는 것이다. 콘텐츠는 서론(What)—본론(Why)—결론(How)로 이야기의 전체 흐름을 구성하라 말한 바 있다. 각 부분의 스토리를 이야기할 때는 5W1H의 원칙에 따르면 좋다. 이는 흔히 알고 있는 육하원칙인 Who(누가), When(언제), Where(어디서), What(무엇을), How(어떻게), Why(왜)를 말한다.

표현 🌳

이는 강사력을 갖추는 데 중요한 요소 중 하나인 스피치력을 말한다. 강의 내용을 잘 전달하는 '전달 스킬'이라 할 수 있다. 이는 바로 다음 꼭지에서 자세히 다루겠다.

기억 ⚓

그리스 아테네 시절에는 지금의 강사들처럼 시각 자료를 활용할 수 없었기 때문에 간단한 메모에 의존하거나 많은 것을 기억해야 했다. 메모를 보고 연설하면 청중과 눈을 맞출 수 있는 시간이 줄어들 수밖에 없다. 반면 암기해 연설하면 더욱 자연스럽고 설득력 있게 말할 수 있기 때문에 그 시절의 연설가들은 다양한 암기법을 활용해 암기력을 높이려 부단히 연습하고 노력했다.

하지만 지금 시대의 강사는 시각 자료를 활용할 수 있다. 시각 자료를 커닝페이퍼로 활용할 수 있어 전부 암기하지 않아도 되며 강의 내용이 산으로 가는 것을 막을 수도 있다. 그렇다고 시각 자료에 너무 많은 글을 담으면 안 된다. PPT 자료를 단순하게 만들어야 한다는 사실을 기억하라. 그렇다. PPT 자료 단순화를 위해서라도 강사는 이야기할 내용을 어느 정도는 암기해야 한다.

어떤 강사들은 강의 대본을 만들어놓는다. 간혹 불안한 마음에 대본을 연단에 올려놓고 기억이 나지 않을 때마다 흘깃 보기도 하는데 그 모습을 청중에게 들키면 청중은 '준비되지 않은 강사', '아마추어 강사'로 그를 평가한다. 흘깃 봐서 보이면 그나마 다행이지만 초보 강사의 경우 너무 긴장하면 대본을 보고도 어디까지 이야기했는지 찾지 못하는 경우도 있고, 긴장감에 대본이 전혀 눈에 들어오지 않기도 한다.

대본이 어떻게 눈에 들어오지 않을 수 있는지 의구심이 드는 독자를 위해 짧은 일화를 소개한다. 고등학교 때 《영파워 가슴을 열어라》라는 TV 프로그램이 있었다. 학생이 자기 학교 옥상에 올라가 다른 학생들 앞에서 하고 싶은 이야기를 하는 프로그램이다. 학교 축제 때 이걸 똑같이 따라한 프로그램을 진행했고 신청자를 받았다. 덜컥 신청한 후 내가 하고 싶은 이야기를 준비했는데, 중학교 때부터 짝사랑하던 2년 선배에게 고백하는 내용이었다. 수줍음 많은 여고생이었던 나는 너무 긴장되고 떨렸다. 그래도 고백을 위한 멋진 말들을 종이에 적어 나름 씩씩하게 옥상으로 올라갔는데 아뿔싸, 막상 올라가서 읽으려니 적어놓은 글들이 하나도 보이지 않았다. 정말 거짓말처럼 종이가 새하얗게 보였다. 그러니 생각이 나지 않을 때 대본을 '흘깃' 하고 보겠다는 생각은 버려라.

대본이 나쁘다는 이야기가 아니다. 사람마다 스타일이 달라 대본을 먼저 적고 리허설을 하는 강사도 있다. 내 친오빠도 사내 강사로 활동하는데, 그 방식이 편하고 강의 무대에서도 완벽하게 강의한다. 그 방법이 자신에게 맞다면 활용해도 좋다. 나는 내가 대본과 맞지 않다는 사실을 초보 강사 시절에 알게 됐다. 완벽주의 성격 탓에 대본대로 토씨 하나 틀리지 않고 하려니 리허설을 할 때부터 엄청난 스트레스를 받았고, 그 후로는 강의 대본을 만들지 않는다. 대신 PPT자료를 보면서 수십 번을 연습했다. 매번 쓰는 단어와 문장의 길이가 조금씩 달라지긴 했지만 어느 순간 전체적인 말이 비슷해지기 시작하더니 틀이 잡혔다. 방법이 딱 하나로 정해져 있지는 않다. 당신에게 가장 잘 맞는 방법이 제일 좋은 방법이다.

연기 🍄

수사학의 마지막 요소다. 아리스토텔레스는 수사학에서 "연기가 뛰어나면 논쟁에서 다소 높은 평가를 받는다. 사람들이 시인보다 배우에게 더 많이 감동받는 것처럼 정치적 논쟁에서도 그런 식의 기교에 감동받는다"라고 말했다.

우리는 드라마나 영화, 연극, 뮤지컬 등을 볼 때 이것이 지금 현재 일어나고 있는 일이 아니라 허구인 것을 안다(실화를 토대로 한 작품도 물론 있지만 '지금' 일어나고 있는 일은 아니다). 하지만 관객은 그것이 마치 실제인양 울고 웃고 화낸다. 이는 파토스를 위해서 어느 정도의 연기력이 필요하다는 것을 의미한다.

그렇다고 연기하는 티가 나면 안 된다. 강사로 강의 무대에 서면 갑자기 목소리가 바뀌고 어딘가 모르게 꾸밈이 잔뜩 들어가 그야말로 연기한다는 느낌이 든다. 이렇게 연기하는 티가 나면 청중까지 같이 어색해지기 마련이다.

나는 이것을 극복하는 방법으로 두 가지를 공유하고 싶다. 자연스럽게 이야기하라는 것, 청중을 위하는 진정성을 가지라는 것이다.

배우를 꿈꾸던 시절 연기 트레이닝을 받을 때 나를 비롯한 여러 연습생에게 선생님이 항상 한 말은 "연기하려 하지 말고"였다. "힘 빼라"라는 말도 여러 번 들었다. 억지로 연기하려 하지 말고, 힘 빼고, 평소 친구와 이야기할 때처럼 자연스럽게 강의하는 연습을 하라.

진정성은 그 어떤 연기보다 훌륭하다. 배우들은 대본을 받으면 그 캐릭터를 연구한다고 한다. 어떤 배우는 오열 장면을 촬영하며 그 캐릭터에 빠져 감독이 '컷'을 외쳐도 쉽게 그 감정에서 빠져나오지 못한다. 진짜 그 역할에 빠져버렸기 때문이다.

진정성은 자연스럽게 드러나게 마련이다. 그러니 연기력이 없다 해도 전혀 걱정하지 마라. 의도된 연기는 당연히 아니겠지만, 오바마 대통령은 애리조나 총기 난사사건 희생자를 추모하는 연설에서 총탄에 숨진 아홉 살 소녀의 이야기를 꺼내며 감정에 북받쳐 말을 잇지 못하고 무려 51초간 침묵으로 일관하며 슬픔을 애써 참으려는 모습을 보였다. 이 침묵은 그 어떤 말보다 더 그가 느낀 감정에 대해 공감되었으며 그 연설은 많은 이들에게 감동으로 기억되고 있다.

강사도 마찬가지다. 자연스럽게 말하듯 하는 강의를 진행하려 노력하고 청중을 위한 진정성을 가지고 강의에 흠뻑 빠지고 취하다 보면 연기학원 문턱에도 가보지 않은 당신도 배우처럼 훌륭히 연기하며 강의할 수 있을 것이다. 그러면 청중은 마치 한 편의 드라마를 본 듯한 느낌을 받을 것이고, 강의가 끝난 후에도 당신은 프로 강사로, 프로 강의로 청중의 기억 속에 오래 남을 것이다.

전달력 있는 강사의 '스피치 기술'

모든 것이 완벽해도 하나가 모자라면 그것은 결국 완벽한 것이 아니다. 천 개의 퍼즐 조각을 다 맞추었더라도 한 개의 퍼즐 조각을 마저 끼워 넣지 못한다면 퍼즐을 완성했다고 할 수 있겠는가. 마찬가지로 메시지를 전달하는 능력, 즉 스피치력을 갖추지 못했다면 완벽한 강의를 할 수 없다.

하지만 앞서 강조한 것처럼 콘텐츠와 설득력을 갖춘 강의력을 갖췄다면 스피치력은 조금 부족해도 괜찮다. 강의에서 이익을 얻었다면 청중은 그것으로 만족한다. 그렇지만 조금 부족한 정도가 아니라 강사의 말을 전혀 알아듣지 못하는 수준이라면 청중이 강의 콘텐츠를 전혀 이해할 수 없기 때문에 결국 실패한 강의, 무용지물 강의라고 할 수밖에 없다.

강의 내용을 잘 전달하기 위해 갖춰야 할 스피치의 세 가지 요소를 꼽자면 좋은 목소리, 정확한 발음, 리듬이다. 하나하나 살펴보자.

좋은 목소리란 어떤 것인가 🔊

좋은 목소리란 밝고 건강한 에너지가 느껴지고, 친절하고, 자신감 있고 명쾌하며, 잘 들리는 목소리라고 할 수 있다.

청중들이 좋아하는 이러한 목소리는 의외로 아주 쉽게 낼 수 있다. 팁을 하나 주자면 밝은 표정을 짓는 것이다. 웃으면 친절한 목소리를 자연스럽게 낼 수 있다. 믿기지 않는가? 지금 당장 확인해보라. 표정을 밝게 웃으면서 말로 "짜증나, 화났어"라고 말해보자. 이때 인상이 조금이라도 구겨지면 안 된다. 웃는 상태에서 "짜증나, 화났어"라고 말하면 전혀 짜증나고 화난 사람처럼 표현할 수 없다. 말의 내용은 짜증나고 화가 난다고 표현해도 표정이 밝기에 목소리도 자연스럽고 밝게 나오는 것이다.

따라서 무대에서 연신 웃으며 말해야 한다. 스피치 강사들은 '목소리를 바꿀 수 있다'는 주제로 본인이 가진 목소리 자체를 바꾸기를 원한다. 물론 누가 들어도 좋은 목소리이면 좋겠지만 너무 힘든 일이기도 할뿐더러, 비록 허스키하고 걸걸한 목소리더라도 청중이 싫어하는 목소리를 내지만 않으면 된다. 청중이 싫어하는 목소리는 우울한 목소리, 혼자 중얼거리는 목소리, '에~ 음~' 같은 불필요한 추임새가 많은 목소리, 부자연스럽게 일부러 내는 목소리, 작아서 잘 들리지 않는 목소리 등이다. 목소리에서 밝고 우렁차고 열정이 느껴지면 모두 좋은 목소리다.

목으로만 소리를 내면 좋은 목소리를 내기 어렵다. 컨디션이 좋지 않을 때는 더욱 집중해 아랫배에서 소리를 우렁차고 힘 있게 끌어낼 수 있도록 해야 한다. 강의 전 미리 복식호흡을 하며 목소리를 재정비해야 한다. 배에서 나오는 소리가 먼 곳에 앉은 청중에게도 잘 들리기 때문에 복식호흡 연습은 필수적이다.

부스먼은 "즐거운 목소리는 상대방의 반응에 긍정적인 영향을 미친다. 즐거운 목소리는 몸속 깊은 곳에서, 다시 말해 아랫배에서 나올 때 가능하다. 단조로운 목소리나 높은 톤의 떠들썩한 목소리에 비해 깊고 풍부하고 쉽게 전달된다. 목소리를 개선하기 위해서는 아랫배로 호흡하고 말하는 법을 연습해야 한다"라고 했다.

누구나 몇 시간을 연신 떠들어대면 아무리 건강해도 목소리가 좋지 않을 수밖에 없다. 수다와 강의는 목을 쓰는 에너지 자체가 다르다. 열정적으로 강의한 날에는 1시간 만에 '넉다운'이 되기도 한다. 따라서 강사에게 체력과 목 관리는 필수다. 이 역시 프로 강사의 조건 중 하나라고 할 수 있다.

나는 선천적으로 목이 좋지 않다. 조금만 말하거나 피곤해도 편도가 붓는다. 하루 5시간 이상 강의를 하는 날에는 너무 목이 아프다. 강사를 하고 있는 스스로가 신기할 따름이다. 그래서 나는 평소 말을 할 때는 목을 아끼느라 목소리를 작게 낸다. 사람들은 "이 작은 목소리로 어떻게 강의를 해?" 하고 물을 정도다. 그런데 몸이 좋지 않다고 해서 기운 없이 올라가 청중에게 "제가 몸이 너무 안 좋아서요. 오늘 기운이 좀 없습니다. 양해 부탁드립니다"라고 말한 후, 강의 시작부터 끝까지 기운 없는 목소리로 강의한다면 청중도 그 강의를 듣고 싶지 않아진다. 서운하게 들릴지 모르겠지만, 청중은 당신의 몸 상태가 어떻든 이해해줄 필요가 없다. 앞서 청중은 고객이라고 이야기했다. 본인 몸이 좋지 않아 고객에게 '당신을 응대하기 힘들다'라고 할 수 있겠는가?

강사는 밝고 에너지 넘치는 모습으로 청중과 마주해야 한다. 그리고 열정이 있다면 스스로 좋은 에너지를 만들어 아픈 것도 잊어버리며 강의에 집중할 수 있다. 나는 이러한 기적을 여러 번 경험했다. 이것이 가능한 순간 당신은 이미 프로 강사가 됐다는 증거다. 물론 건강과 체력관리는 필수다.

발음을 정확하게 고치는 방법 🎤

강사는 정확하게 발음할 수 있어야 한다. 웅얼거리듯 흘리는 말은 청중들이 "응? 뭐라고?" 하며 제대로 듣지 못했다는 듯 인상을 찌푸리며 고개를 갸웃할 것이다.

나 역시 발음이 좋지 못했다. 연기 트레이닝을 받을 때 가장 많이 지적받았던 것이 발음이었다. 발음을 고치기 위해 볼펜이며 젓가락을 입에 물고 책을 펼쳐놓고 한 글자씩 또박또박 발음하고, 입에 아무것도 물지 않은 채 책을 아나운서처럼 읽는 버릇을 들였다. 평소에 말을 할 때도 또박또박 발음하는 연습을 했다. 한 자 한 자 곱씹어 뱉는 연습을 하니 자연스럽게 말의 전달력을 높이는 어조도 함께 익힐 수 있었다.

발음이 좋지 않으면 반드시 고쳐야 한다. 발음이 좋지 않은 강사를 청중이 신뢰할 리 없다. 혀 짧은 소리를 내는 강사는 가볍게 느껴지기도 하지만, 무엇보다도 강사가 무슨 말을 하는지 청중이 알아들을 수 없다면 강사로서 최악이다.

사투리 역시 고치길 권한다. 강사가 사용하는 단어는 표준어여도 억양 때문에 청중이 이해를 못 하는 경우가 많다. 만약 사투리를 고치기가 힘들다면 더 또렷하게 들리도록 신경 써서 발음하는 것이 좋다.

발음을 어떻게 고칠 수 있을까? 볼펜을 물고 한 자 한 자 책을 읽은 후 볼펜을 떼고 또 한 자 한 자 또박또박 입을 일부러 크게 벌리면서 연습하는 것이 좋다. 아나운서들을 따라 연습하거나 자신이 말하는 것을 녹음해 들어보는 것도 좋은 방법이다. "간장 공장 공장장은~"과 같은 발음 연습문장들을 꾸준히 연습하는 것도 도움이 된다. 가장 원시적인 방법인 듯해도 가장 효과적이다. 나 역시 효과를 봤기에 추천한다. 발음하기 어려운 문장들은 인터넷 검색에서 쉽게 찾을 수 있다. 만약 혼자서 해결하기 어렵다면 전문 아카데미에서 배우는 것도 추천한다.

말에도 리듬이 있다 ◑

스피치력의 세 번째 요소는 리듬이다. 가수는 가사에 따라 속삭이듯 사근사근 노래 부르기도 하고 격정적으로 소리치듯 부르기도 한다. 피아노 연주곡의 악보를 보면 피아니시모, 메조피아노, 포르테, 포르티시모 등 연주의 강약과 안단테, 모데라토, 알레그로 등 연주의 빠르기를 나타내는 각종 기호들이 악보에 빼곡히 쓰여 있다.

가수의 노래나 피아노 연주가 하나의 빠르기, 하나의 세기로만 되어 있다면 지루하고 감동이 느껴지지 않을 것이다. KBS 프로그램 〈불후의 명곡〉에서도 방청객이 가수의 노래를 듣고 감동해 눈물 흘리는 모습이 종종 카메라에 잡힌다. 나도 그 프로그램을 보고 노래 하나로 진한 감동을 선사한 '디셈버'의 팬이 되었다. 강사가 표현하는 말도 가수처럼 피아니스트처럼 리듬과 운율이 있어야 한다. 리듬 없이 밋밋하게 이야기한다면 강사는 청중에게 강의가 아닌 자장가를 들려주는 것이다.

열정이 있다면 이는 배우려고 노력할 필요가 없다. 나 역시 강사의 말에는 리듬이 있어야 한다고 알고 강의를 시작하지는 않았다. 내가 전달하려는 메시지를 목적과 목표를 가지고 어떻게든 청중을 설득하려 보니 자연스럽게 익힐 수 있었다. 예를 들어 당신이 무인도에 갇혀 5일을 굶었다고 하자. 5일 동안 굶은 당신을 드디어 사람들이 발견했다. 당신은 그들에게 배가 너무 고프니 먹을 것을 빨리 달라고 말할 것이다. 어떻게 말하겠는가? 느릿느릿 나지막한 목소리로 "먹을 것 좀 주세요. 배고파 미치겠어요"라고 하겠는가, 아님 간절함을 담고 빠르고 강하게 "먹을 것 좀 주세요! 배고파 미치~겠어요!"라고 하겠는가?

그러니 강사의 열정을 강의에 담아내라는 특명부터 내리겠다. 그러면 저절로 억양을 높이거나 낮추고 속도와 강약을 조절할 수 있다.

리듬감 있게 말한다는 건 말의 억양, 속도, 강약 조절 등을 내용에 따라 표현하는 것이다. 여기에 하나를 덧붙이자면 '쉼'이 필요하다. 쉼 없이 빽빽하게 말하면 청중들의 생각할 시간을 방해하는 것은 물론 오히려 전달력이 떨어진다. 대화를 나눌 때면 상대가 말을 쉴 틈 없이 자기 말만 하면 듣는 이는 어지럽고 도리어 상대의 말이 귀에 잘 들어오지 않는다.

'쉼'은 청중뿐 아니라 강사 자신에게도 필요하다. 권투선수는 연습하거나 경기를 할 때 주먹을 내지르면서 입으로 '췻췻' 하고 소리를 낸다. 이는 호흡을 내뱉기 위해서 내는 소리인데 실제로 주먹이 서로 오갈 때 호흡이 정지되는 경우가 많다. 그래서 호흡이 꼬이지 않게 하기 위해 일부러 소리를 낸다. 초보강사의 경우 긴장하게 되면 말이 빨라지고, 그러면 호흡을 제대로 하지 못해 중간에 숨이 차오른다. 숨이 가빠지는 것을 느낄 때, 혹은 몇 문장을 말한 후에는 쉬는 시간을 가져야 한다.

그렇다고 흐름을 끊으면서까지 무작정 '쉼'을 할 수는 없다. 강사가 한참 이야기하다가 갑자기 뚝하고 끊어버리면 청중들은 의아해할 수밖에 없다. 그래서 다음 슬라이드로 넘어갈 때나 주제를 변경해서 말할 때, 무언가를 강조하기 전에 쉬는 것이 좋다. 또 쉼은 청중을 집중시킬 때나(학창시절 선생님이 한참 수업하다가 학생들이 떠들면 침묵해버린다. 그러면 학생들은 '무슨 일이지?' 하며 떠드는 것을 멈추고 선생님을 바라본다), 청중이 웃거나 손뼉 치는 시간을 줄 때도 필요하다.

스피치는 단시간 내에 좋아지기 매우 어렵다. 오랜 연습을 통해서만 가능하다. 때문에 틈나는 대로 꾸준히 연습해야 한다. 많은 유명 연설가들이 언어 장애가 있었음에도 피나는 노력으로 극복했다는 사실을 기억하고 힘을 얻길 바란다.

"떨어지는 물방울이 돌에 구멍을 낸다. 승리의 여신은 노력을 사랑한다. 노력 없는 인생은 수치 그 자체. 어제의 불가능이 오늘의 가능성이 되며 전 세기의 공상이 오늘의 현실로서 우리들의 눈앞에 출현하고 있다. 실로 무서운 것은 인간의 노력이다. 명예는 정직한 노력에 있음을 명심하자."

―굴리엘모 마르코니(Guglielmo Marco'ni)

몸의 언어로 강의하는 강사의 '바디의 기술'

몸의 언어로 하는 강의란 '비언어 커뮤니케이션'을 말한다. 비언어 커뮤니케이션은 말 그대로 언어가 아닌 것으로 의사소통을 하는 것을 뜻한다. 즉 표정, 옷차림, 신체의 움직임, 자세, 제스처 등을 가리킨다. 표정과 옷차림에 대해서는 앞의 두 번째 꼭지에서 다룬 내용으로 충분하다. 이 꼭지에서는 강사의 신력身力으로 강의동선(무대 위에서의 움직임), 자세, 제스처에 대한 이야기하고자 한다.

강의 동선을 짜는 법 ◑

강사는 무대에 선 배우다. 배우는 한 곳에 서서 말하지 않는다. 넓은 무대를 적극적으로 활용한다. 물론 강사가 배우처럼 무대를 이리저리 뛰어다닐 수는 없다. 내가 말하고자 하는 것은 청중에게 방해가 되지 않는 선에서 몸을 움직이며 강의해야 한다는 것이다. 다시 말해 허락된 동선 안에서 움직여야 하며 이를 강의 동선이라 한다.

강사의 몸은 모든 것을 말한다. 청중은 무대를 바라보며 강사의 말만 듣지 않는다. 강사의 움직임 하나하나를 모두 지켜보고 있다. 진정성을 보여주는 것은 결국 강사의 몸이다. 강사의 몸은 꾸미지 않은 생각과 감정, 의도를 표출한다. 강사가 열정과 진정성이 있다면 굳은 것처럼 몸을 움직이지 않은 채 강의할 수는 없다. 의식적으로는 움직이려 하지 않아도, 무의식이 몸에게 말을 하게 시킨다. 강사는 몸을 움직이는 것으로 열정을 표현한다.

시각 자료 없이 진행하는 강의는 무대의 좌우로 마음껏 몸을 자유롭게 움직이며 청중에게 다가가듯 돌아다니며 강의를 진행할 수 있지만 PPT 자료 화면을 띄워 놓은 경우 강사의 움직임이 청중이 슬라이드를 보는 데 불편함을 줄 수 있다. 강사는 시각 자료를 가리지 않는 선에서 움직여야 한다.

대개 슬라이드 화면 옆이 동선의 시작 지점이다. 강사는 슬라이드 화면을 손으로 가리키고 짚을 수 있는 위치에 서서 강의를 하면 된다. 하지만 강의 무대가 영화관이나 극장 같은 모양이라면 슬라이드 화면이 무대 맨 뒤에 위치해 있기 때문에, 그 옆에서 강의하게 되면 청중과의 거리가 멀어진다. 그러면 거리만큼이나 청중이 강사에게 친밀감을 덜 느끼게 된다. 그럴 땐 PPT 자료와 멀어지더라도 무대 앞쪽으로 나오는 것이 좋다.

강사가 무대의 왼쪽에 서느냐 오른쪽에 서느냐에 대한 답은 없다. 자신이 서기에 편한 곳을 선택하면 되고, 여기에 사용하는 장비나 강의실 구조 등을 고려하면 된다. 나는 청중이 무대를 바라볼 때 주로 오른쪽에 서는 편이다. 왼쪽에 서면 어쩐지 불편한 느낌이 들고, 나는 오른쪽 얼굴보다 왼쪽 얼굴이 더 나은 편이기 때문이기도 하다.

'동선動線'에서의 동은 '움직이다'라는 뜻이다. 강사는 한 곳에 본드를 붙여 놓은 것처럼 머물러서는 안 된다. 몸을 움직여야 한다. 최대한 청중에 가까이 다가갈 수 있어야 한다.

이때 PPT 자료를 가리지 않고 몸을 움직이는 것이 때에 따라 불가능할 수도 있다. 이럴 때 팁이 있는데, 청중이 자료를 봐야 할 때는 한 쪽에 비스듬히 서서 청중이 슬라이드 화면을 충분히 볼 수 있도록 하고, 청중이 자료를 더 보지 않아도 될 때 움직여 슬라이드 화면을 가리고 말하는 것이다. 이때 가장 안타까운 모습은 빔 프로젝터의 불빛이 강사의 얼굴에 직접 쏘여 그림과 글자가 강사의 얼굴에 떠 있는 경우다. 이때는 의식적으로 빔 프로젝터를 살짝 피하는 자리로 이동한다.

무작정 몸을 산만하게 움직이지 않는다. 말을 하면서 이동해도 되지만 이야기를 끝낼 때는 한자리에 머무른 상태여야 한다. 또 말을 새로 시작한 후 조금 있다가 몸을 움직여 청중 쪽으로 다가가 모든 이들과 시선을 맞추는 것이 좋다. 강사가 처음 청중이 바라보는 기준으로 왼쪽에 서 있었다면 왼쪽에서 가운데, 가운데에서 오른쪽으로 움직이고 다시 같은 방법으로 제자리로 돌아온다. 또 강사는 청중에게 질문을 할 경우 답하는 청중이 있는 곳으로 몸을 이동시키고 청중 쪽으로 몸을 기울여 이야기를 듣는 것이 좋다.

글로만 읽어서는 동선에 대해 이해하기 힘들 수도 있다. 다른 강사들의 동선을 직접 보고 익혀라. 대표적으로 TED강연(플레이스토어 혹은 유튜브에서 'TED'로 검색) 출연자들의 동선을 참고하길 추천한다. TED에는 아마추어와 프로 모두 출연해 강의하는데, 어떤 걸 보고 배워야 하는지 보다 보면 알 수 있다(어떤 것이 좋지 않은 것인지도 바로 보인다. 이런 건 자신의 강의 모습에서 나타나지 않도록 노력해야 한다). TED 외에도 강의 동영상이 많으니 보면서 직접 연습하라. 또한 실제 강의실에서 연습한 대로 움직일 수 있는지 반드시 미리 파악하고, 꼼꼼히 리허설을 진행한 한 후 강의 무대에 오르는 것이 좋다.

강의를 하는 올바른 자세 ✈

부스먼은 보디랭귀지 형식으로 이루어지는 커뮤니케이션을 크게 열린 보디랭귀지와 닫힌 보디랭귀지 두 가지로 나눈다. 열린 보디랭귀지는 심장을 드러내는 반면 닫힌 보디랭귀지는 심장을 보호하거나 막는다고 이야기한다. 초보 강사 중에는 두 손을 공손히 앞으로 모으며 강의를 하는 경우가 있다. 부스먼에 따르면 이는 예의 바른 자세가 아니다. 어딘가 불편하고 긴장돼 보이며 자신감도 없어 보인다. 또한 팔로 심장을 막고 있는 자세로 청중과의 소통을 무의식적으로 차단하고 있는 것이다.

강사는 청중과 자연스럽게 소통할 수 있도록 심장을 노출해야한다. 《포브스》가 협상력 훈련의 대가로 부르는 제라드 니렌버그(Gerard I. Nierenberg)는 손을 펼치거나 팔짱을 끼지 않는 것뿐 아니라 외투를 열어서 심장을 노출하라고 조언한다. 우리나라의 경우 재킷의 앞 단추를 잠그는 것이 예의지만 강사라면 단추를 여는것이 좋다. 단추가 잠겨 있으면 청중과 통하는 심장이 노출되지않을뿐더러 잠긴 상태에서 손과 몸을 쓰면 재킷이 구겨지고 접히면서 보는 청중이 답답함을 느낀다. 더욱 좋은 것은 재킷을 벗고강의하는 것이다. '신력身力'의 기본이다.

예의 없어 보이는 자세에 대해 알아보자. 짝다리 짚기, 주머니에 손 넣기, 불필요하게 무언가를 자꾸 만지기 등은 당신이 알 것이라고 믿는다. 강의 경험이 많지 않은 이들이 하는 실수 중 하나가 강연대에 손을 짚거나 기대는 것이다. 가끔 프로 강사들도 저도 모르게 강연대에 의지하게 되는데 주의해야 한다. 여기서 더팁을 주자면, 아예 강연대 앞으로 나오는 것이다. 강연대에 숨은채 상체만 내밀고 강의하는 건 청중과의 벽을 세우는 일이다. 강연대로 청중과 금을 그어두고 친밀감을 형성하기 어려울 수밖에없다. 강연대는 노트북 탁자 정도로만 활용하자.

제스처 🕹

인간은 태곳적부터 움직이는 것에 민감하고 움직이는 물체를 보게 되는 본능이 있다. 동선을 활용해 강사가 몸을 움직이면 청중의 시선도 함께 움직이며 지루하지 않게 집중할 수 있다. 그런데 강사가 몸을 움직일 때나 한 곳에 서서 이야기할 때나 언제나 움직여야 하는 부위가 있다. 그것은 바로 손이다. 이를 제스처라고 한다.

《FBI행동의 심리학》의 저자 조 내버로(Joe Navarro)는 다음과 같이 말한다. "거짓말을 하는 사람은 정직한 사람보다 팔과 다리를 적게 움직이는 경향이 있다. 이것은 뇌의 변연계 반응과 일치한다. 위협에 마주쳤을 때는 다른 사람들의 주의를 끌지 않기 위해 덜 움직이거나 정지한다. 이런 행동은 대화하는 도중에 자주 볼 수 있는데, 거짓말을 할 때는 팔이 억제되고 진실을 말할 때는 활발하게 움직이는 것을 관찰할 수 있다." 즉 손을 움직이지 않으면 상대방에게 신뢰감을 줄 수 없다.

강사가 자신의 강의에 자신감 있고 진정성이 있을 때 자연스럽게 손을 활발하게 움직일 수 있다. 내버로는 "누구든 진실을 말할 때는 상대방에게 그것을 이해시키기 위해 최선을 다한다. 제스처를 취하는 것은 물론, 감정을 이입하기 때문에 표현이 풍부해진다"라고 말한다. 강사가 목적과 목표대로 강의 내용을 청중에게 잘 전달하고, 청중이 행동하도록 동기를 부여하기 위해서는 내용과 맞는 제스처를 취해야 한다.

제스처를 사용할 때 '이 말을 할 때는 이렇게 하고 저 말을 할 때는 이렇게 해야지'로 미리 계획하지는 마라. 카네기는 "가장 탁

월한 배우들과 대중 연설가들은 스스로 어떤 제스처를 할 것인지 미리 알지 못한다. 그들은 오늘 밤 이 단어에 이 제스처를 쓰지만 내일 밤에는 그 단어에 가도 아무런 제스처를 쓰지 않을 수 있다. 충동과 감정의 문제일 뿐이다. 훌륭한 연사의 동작은 자연의 창조물들만큼이나 다양하게 변한다. 그렇다고 당신이 제스처에 대해 생각할 필요가 없다는 말은 아니다. 자연스러운 제스처를 개발하고 연습에 관심을 적절히 쏟아야 한다"며 "제스처는 순간순간 태어나는 것이다"라고 했다.

강사가 긴장을 하면 팔을 옆구리에 붙이고 작게 움직인다. 소극적으로 보이고 자신감이 없어 보인다. 의식적으로 팔을 옆구리에서 떼고 넓게 손과 팔을 사용하는 것이 좋다. 그렇다고 너무 산만하게 사용하는 것은 오히려 가만히 있는 것만 못하다.

손을 잘 쓰지 않는 강사라면 평소 사람들과 이야기를 할 때 손을 쓰는 연습을 하는 것이 좋다. 한마디 덧붙이자면 청중이나 슬라이드 화면을 가리킬 때는 손가락이 아닌 손바닥으로 손가락 사이를 모두 붙여 표현하도록 하고 머리를 귀에 꽂는 행동을 자주한다거나 옷을 만지작거리는 등 불필요한 손짓을 하지 않도록 하는 것이 중요하다. 마이크를 쥘 때는 동그란 마이크 헤드를 감싸듯 잡지 말고 마이크 몸통을 잡는 것이 좋다. 어떤 강사는 강의하면서 마이크를 왼손 오른손에 번갈아 쥐는데 특별한 경우가 아니라면 한 손으로만 잡고, 입에 마이크를 붙이지 말고 살짝 떼고 말한다. PPT 화면을 가리키는 포인터 사용도 마찬가지다. 한 손으로 계속해서 쥐는 것이 좋고 마이크를 잡지 않고 강의할 때는 포인터를 쥔 손과 쥐지 않은 손을 적절하게 함께 사용하며 말하는 것이 좋다.

강의 동선과 제스처를 적절히 사용하고 올바른 자세로 강의한다면 청중에게 신뢰와 전달력을 높이는 신력身力 있는 강사, 실력實力있는 강사가 될 것이다.

쉽게 설명하는 '설명의 기술'

　강사가 강의를 하는 목적은 청중의 행동 변화를 설득하는 일이라는 것을 앞에서 강조했다. 청중을 설득하려면 일단 강사가 이야기하는 모든 내용을 청중이 이해할 수 있어야 한다. 강사의 이야기를 청중이 이해하지 못한다면 그 어떤 훌륭한 기술을 가지고 있다 할지라도 소용이 없다. 청중이 잘 이해할 수 있게 설명하려면 당연히 쉽게 설명해야 한다.

　그렇다면 어떻게 해야 쉽게 설명할 수 있을까? 명확해야 하고, 강사가 이해한 후에 설명해야 하며, 이유와 근거를 제시할 수 있어야 한다.

명확하게 설명하라 🎯

　카네기는《표현력 강의》에서 설명의 본질을 다음과 같이 설명한다.

"발가벗다, 털어놓다, 본질을 보여주다, 노출하다 등의 의미인 'Expose'라는 단어에서 우리는 설명의 바탕에 깔린 아이디어를 볼 수 있다. 그것은 그 연설의 주제가 진정 어떤 것인지를 명쾌하고 정확하게 발표하는 것이다. 그것이 바로 '설명'인 것이다. 설명은 그림을 그리지 않는다. 그림을 그리는 것은 묘사다. 자동차가 어떤 것인지 정확한 언어로 말하고, 자동차의 특징적인 부분의 이름을 말하고, 그것의 기능을 전하는 것이 설명이다."

그러면서 그는 "설명을 통해 당신과 청중 사이에 이해의 끈이 하나 형성되어야 한다. 설명은 더 나아가 그 후의 진술이나 주장, 호소를 뒷받침할 사실의 초석을 놓을 수 있어야 한다"며 설명의 본질과 목적을 이야기했다.

설명은 명확해야 한다. 수수께끼 같아서는 안 된다. 고추를 설명하려고 '빨간 주머니에 금화가 들어 있는 것'이라는 수수께끼를 내면 사람들마다 제각각 다른 답을 한다. 이런 식으로 설명하면 안 된다. 명확하고 보편적인 사실을 이야기해야 한다. 고추를 설명하려면 '매운맛이 나는 채소. 색깔은 다양하나 우리가 접하는 것은 주로 빨간색과 초록색이다. 김치를 담그거나 양념을 만들 때 쓰이며 우리나라에는 임진왜란 때 들어왔다. 따뜻한 기후에서 잘 자란다'라고 해야 한다.

어려운 용어들을 사용하면 자신이 좀 더 배운 사람, 청중 앞에 설 자격이 있는 사람으로 착각하기도 한다. 무대에 섰다고 당신이 주인공이라고 생각하는가? 그렇게 생각한다 할지라도 결국 당신의 강의는 청중이 듣는다. 청중은 당신의 강의를 심사하고 평가하는 심사위원이다. 당신의 기준에서 만족한 강의였다고 할지라도 청중이 만족하지 못했다면 실패한 강의에 불과하다. 당신은 그들을 위해 무대에 선 것이다. 당신이 계속해서 어려운 용어들을 사용하면서 '당연히 청중이 알겠지'라고 생각하거나 '청중보다 자신이 나은 사람'이라고 과시한다면 좋은 점수를 받을 리 없다. 강사가 쓰는 언어와 설명은 쉬운 것이어야 한다.

강사 자신부터 이해하라 🎤

이해는 두 가지의 관점으로 볼 수 있다. 하나는 준비한 강의 내용에 대한 이해를 뜻하고, 다른 하나는 청중에 대한 이해를 말한다.

아인슈타인은 "쉽게 설명하지 못한다면 제대로 이해하지 못한 것이다"라고 했다. 열심히 설명을 하는데 청중이 강의를 쉽게 이해하지 못한다면 본인 자신이 그것을 제대로 깊게 이해하고 있는지부터 따져봐야 한다. 강사는 '가르치는 일'이다. 가르치는 것을 배우는 이가 이해하지 못한다면 배우는 이의 문제가 아니라 가르치는 이의 문제다. 가르친다는 것은 1 더하기 1이 2라는 사실을 말하는 것이 아니라, 배우는 이가 1 더하기 1은 2라는 것을 '알게 하는' 것이다.

한편 청중에 대한 이해가 되지 못하면 설명하기 어려워진다. 청중 분석을 한 번 더 강조하겠다. 이미 기획 단계에서 청중이 어느 정도의 수준인지를 파악해야 하고, 그 수준에 맞게 설명해야 한다. 3~7세 아이의 산수 학습지를 고등학교 교과서처럼 만들면 안 된다. 사용하는 단어, 강의 길이 등을 모두 고려해야 한다. 예시를 들 때도 청중이 잘 알고, 공감과 흥미를 일으킬 수 있을 만한 것을 예로 들어 설명해야 한다.

근거와 이유를 제시하라 🌱

쉬운 설명을 위한 마지막 세 번째는 이유와 근거를 제시하는 방법이다. 바로 앞에서 언급했지만 청중을 분석했다면 그들이 쉽게 이해하고 공감하고 동의할 수 있을 만한 예를 들어야 한다.

신입사원을 교육할 때 나는 피부에 대한 이해가 낮은 그들이 최대한 쉽게 이해할 수 있는 방법을 늘 고민한다. 그중 한 예를 들어보겠다. '피부가 칙칙한 원인 중 하나는 과도하게 쌓인 각질 때문이다'라는 설명을 뒷받침하기 위해 각질을 유리창에 비유해 다음과 같이 설명한다.

"피부가 칙칙해지는 원인 중 하나는 각질이 과도하게 쌓이기 때문입니다. 여기 유리창을 보세요. 바깥 건물들이 잘 보이시나요? 지금은 투명한 유리창이 하나기 때문에 밖이 잘 보입니다. 그런데 이 투명한 유리창이 백 개라면 밖은 어떻게 보일까요? 네, 맞습니다. 바깥이 보일 수도 있고 잘 보이지 않을 수도 있지만, 결과적으로는 아무리 투명한 유리창이라도 하나일 때보다 바깥 건물들이 잘 보이지 않을 겁니다. 피부도 마찬가지입니다."

청중에게 쉽게 설명하기 위해 당신은 사전에 그것을 제대로 이해해야 한다. 그리고 어떻게 설명할 것인지 방법을 찾고, 적절한 예시를 찾아야 한다. '누구나 쉽게 이해하는 것인가?', '초등학생이 들어도 이해할 수 있는가?'라는 질문을 던져봐야 한다.

미셸 퓌에슈(Michel Puech)는 《설명하다》에서 "설명은 진정한 상호 의사소통 행위"라고 표현했다. 강의는 쌍방향 커뮤니케이션이라고 앞에서 여러 번 언급했다. 설명을 제대로 해야 쌍방향 의사소통강의가 가능하다.

효과적으로 설명하는 법

- 청중의 수준과 관심거리에 맞게 설명하기
- 묘사하지 않고 명확하게 설명하기
- 어려운 말을 피하고 어린아이가 들어도 이해할 수 있게 쉽게 설명하기
- 강사 자신부터 정확하게 이해한 후 설명하기
- 청중이 공감하는 근거와 예시 들기
- 청중이 이해했는지 확인하기
- 장황하고 산만한 설명을 피하고 핵심만 짚기
- 강사의 주장, 주제와 관련 있는 것으로 설명하기
- 필요 시 시연을 통해 보여주며 설명하기
- 반드시 이해가 설득으로 이어질 수 있도록 설명하기

강의 리허설을 돕는 PRD 기법

경제 전문 주간지 《비즈니스 위크》는 프레젠테이션의 고수인 잡스의 프레젠테이션 십계명을 다음과 같이 소개했다.

1. 주제를 정하라
2. 열정을 보여라
3. 대략의 개요를 알려줘라
4. 숫자를 의미 있게 전달하라
5. 잊지 못할 순간을 마련하라
6. 비주얼 슬라이드를 만들어라
7. 쇼를 하라
8. 작은 실수에 괘념치 마라
9. 혜택을 강조하라

그리고 마지막 열 번째는 '준비하라, 준비하라, 준비하라'며 같은 단어를 세 번씩이나 반복했다.

리허설(Rehearsal)이란 공연을 앞두고 실제처럼 하는 연습을 말한다. 리허설은 원래 'Re-Harrow'에서 유래한 말로 '밭을 갈아 엎다'라는 뜻이다. 즉 리허설은 '강의를 갈아엎는' 행위다. 실제처럼 연습해보고 전체적인 내용을 점검하며 수정이나 보충이 필요한 부분을 찾아내는 것이다.

리허설을 할 때는 그저 가만히 서서 대본을 읊어나가지 말고 'PRD 기법'으로 리허설을 진행하면 좋다. PRD는 'PPT 리허설', 'Real(진짜) 리허설', 'Dress(드레스) 리허설'의 세 단계를 말한다.

PPT 리허설 🔊

첫 번째 단계는 PPT 자료를 보면서 하는 리허설이다. PPT 리허설이 앞에서 이야기한 '갈아엎다'라는 실질적인 의미를 지닌 단계라고 할 수 있다. PPT 리허설이 끝나면 밭은 씨앗을 뿌리기 좋은 상태로 변한다. 그 상태가 되면 다음 단계의 리허설을 할 수가 있다. 즉 PPT 리허설 단계에서 PPT 자료는 완벽하게 수정을 끝내야 한다. 아무리 완벽하게 PPT를 만든 것 같아도 막상 PPT 리허설을 하다 보면 수정해야 할 부분들이 반드시 생긴다. PPT 리허설 단계는 절대 생략해서는 안 된다.

PPT 리허설을 하는 방법에 대해 설명하겠다. PPT 프로그램을 열어보면 오른쪽 하단에 사각형 네 개 모양의 아이콘이 있다. 그것이 '여러 슬라이드 보기'인데, 클릭하면 한 화면에 PPT 슬라이드가 병렬적으로 나열돼 모든 슬라이드를 한꺼번에 볼 수 있다. 혹은 상단 메뉴의 '보기'-'여러 슬라이드 보기'를 클릭해도 된다. 첫 리허설 연습은 이렇게 전체 슬라이드를 보면서 하는 게 좋다. 아직 당신은 PPT를 완벽하게 숙지하지 못했기 때문에 다음 슬라이드에 어떤 내용이 담겨 있는지 알지 못하므로, 여러 슬라이드를 한꺼번에 보며 리허설하면 강의 구성과 흐름을 파악하는 데 도움이 된다.

슬라이드를 보고 말할 내용을 입으로 뱉으며 추가할 부분이나 제거해야 할 부분이 있는지 체크한다. 또 이때 강의 시간을 함께 체크해야 한다. 강의 시간의 경우 이미 콘텐츠 구성 단계에서 어느 정도 예상하고 만들어야 한다. 한 슬라이드당 보통 3~5분 이내로 설명하는 것이 좋다. 한 슬라이드에서 너무 오래 머무르면 청중이 지루해한다.

주어진 시간이 1시간이라면 강의를 50분으로 준비한다. 막상 강의를 진행하다 보면 시간이 부족한 경우가 많은데 이렇게 약간 모자라게 준비하면 여유 있게 강의를 진행할 수 있다. 만약 시간이 남으면 질의응답 등으로 청중과 이야기하는 시간을 갖는 것이 좋다. 아니면 남는 시간을 채울, 흐름에 맞는 짧은 일화(스팟)들을 상비약처럼 준비해둔다. PPT 리허설을 할 때 각 슬라이드당 소요 시간을 체크해 메모해두고 이것들을 모두 더하면 총 소요 시간을 예상할 수 있다.

강의할 때 좀 더 프로의 느낌을 줄 수 있는 방법을 하나 공유하자면, 다음 슬라이드를 넘어가기 전에 이제 어떤 이야기를 할 것인지 먼저 말한 후 슬라이드를 넘기는 것이다.

예를 들어 첫 슬라이드에서 '인사의 의미'에 대해 설명하고 그 다음 슬라이드에서 '인사 하는 법'에 대해 다룬다고 해보자. "인사 란 ~하는 것입니다" 하고 모두 설명했다면, 포인터로 다음 슬라이 드로 넘기기 전에 "그렇다면 여러분, 어떻게 해야 인사를 잘할 수 있을까요?(청중에게 질문을 받아도 좋고 '쉼'을 이용해 청중이 생각해볼 시간 을 짧게 줄 수도 있다) 그 방법에 대해 말씀드리겠습니다" 하고 다음 슬라이드로 넘기는 것이다. 이런 기법을 사용하려면 강사는 리허 설을 하면서 슬라이드의 전체 흐름과 내용, 그리고 각 슬라이드마 다 할 이야깃거리를 외워야 한다. 외우는 것이 부담스럽다면 파워 포인트 기능 중에 꽤 쓸 만하고 좋은 기능이 있다. 바로 'PPT 발표 자 도구'인데, 정말 유용한데도 많은 강사들이 모르거나 활용하지 않는다.

PPT 발표자 도구란 강사가 보는 노트북 화면과 빔 프로젝터 로 쏜 화면을 다르게 설정하는 기능이다. 강사가 보는 노트북 화 면에는 이전 슬라이드와 다음 슬라이드 모두 보이고 강의 진행 시 간도 표시되지만, 청중이 보는 빔 프로젝터에는 노트북 화면과는 달리 해당 슬라이드 화면만 꽉 차 있다. 현재 슬라이드 말고 앞뒤 슬라이드를 볼 수 있어 강의 흐름을 잡을 수 있고 강의 진행 시간 까지 볼 수 있으니 정말 유용하다. 이 기능을 사용하고 싶다면 미 리 강의실에 가서 빔 프로젝터와 연결을 한 후 현장 리허설을 진행하도록 하라.

우선 키보드에 있는 윈도 버튼(⊞)과 P를 동시에 누른다. 그러면 화면 오른쪽에 'PC화면만', '복제', '확장', '두 번째 화면만'이라고 뜬다. 여기서 '확장'을 클릭한다. 그리고 나서 PPT 화면으로 돌아가 맨 오른쪽 끝에 '발표자 도구 사용' 앞의 네모 상자를 클릭하면 v가 체크된다. 이 상태에서 F5를 누르면 노트북 화면이 '발표자 도구 사용 모드'로 변경된 것을 확인할 수 있다.

간혹 빔 프로젝터 화면과 강사가 보는 노트북 화면이 거꾸로 돼 있는 경우가 있다. 즉 청중이 이전 슬라이드와 다음 슬라이드를 모두 볼 수 있는 강사용 화면을 보고 있는 것이다. 이럴 때는 노트북과 빔 프로젝터 화면을 바꿔주면 된다. 바꾸는 법은 간단하다. PPT 화면에서(슬라이드 쇼 보기가 아닌 상태) '발표자 도구 사용' 바로 위를 보면 '표시위치'라는 것이 있다. 역삼각형을 클릭하면 '기본 모니터', '모니터2'가 나온다. 거기에서 아래에 있는 모니터2를 누르면 노트북 화면과 청중이 보는 화면이 서로 바뀐다. 현장에서 노트북과 빔 프로젝터를 연결한 후 화면을 띄워 반드시 먼저 보기 바란다. 발표자 도구를 사용하지 않길 원한다면 다시 윈도우 버튼과 P버튼을 누른 후 'PC화면만'을 클릭하면 원래대로 돌아간다.

만약 노트북과 떨어진 곳에 동선을 잡게 됐다면 발표자 도구를 사용할 수 없기 때문에 더욱 치열하게 연습해야 한다. 연습을 많이 하다보면 슬라이드를 꼭 외우려 하지 않아도 자연스럽게 외울 수 있다.

리얼 리허설 🎤

다음은 '리얼 리허설'을 해야 한다. 말 그대로 실제 강의처럼 연습해보는 것이다. 앉아서 PPT 화면을 보며 연습했다면 이제는 서서 실전처럼 연습해야 한다. 가상으로 청중이 있다고 생각하고 인사부터 시작해 제스처, 표정, 시선 처리, 자세, 동선, 강의 시간 맞추기를 함께 연습한다. 청중이 있다고 가정하지만 실제로는 없기 때문에 시선 처리를 제대로 연습하지 못할 수도 있으니 인형을 놓고 연습하는 것도 좋다. 내가 처음 강의를 준비하면서 했던 리허설 방법이기도 하다.

많은 프로 강사들이 초보 강사에게 조언하듯 동영상을 촬영하는 것도 추천한다. 동영상 촬영은 처음부터 촬영해도 좋지만 촬영을 한다는 긴장감에 말이 꼬여서 중간에 동영상을 정지하고 다시 처음부터 찍는 과정을 반복하면 리허설에 오히려 너무 많은 시간을 빼앗길 수 있다. 어느 정도 리얼 리허설을 연습하고 자신감이 붙었을 때 촬영하는 것을 추천한다. 촬영할 때는 머리부터 발끝까지, 그리고 동선이 모두 나오게 하라. 카메라가 없어도 걱정할 것 없다. 당신에게는 휴대폰이 있다. 요즘은 삼각대를 활용해서 휴대폰으로 촬영하면 된다.

녹화된 동영상으로 당신이 체크해야 할 것은 소요 시간, 내용, 목소리, 발음, 제스처, 표정, 시선, 자세, 동선 등이다. 즉 앞에서 배운 '강사력'대로 잘했는가 따져보고 부족한 부분을 더 보충해서 연습하도록 한다.

드레스 리허설 🎤

마지막으로 드레스 리허설이 남았다. 원래 연극이나 음악에서 쓰이던 용어로 실제 본 공연에서 사용하는 의상을 입고 메이크업, 무대, 음향, 조명 등 모든 조건을 실전처럼 갖춘 상태에서 리허설을 하는 것을 의미한다.

강사의 드레스 리허설은 이제 완벽해야 한다. 더 이상 수정할 것이 없어야 한다. 강의 때 입을 의상을 입고 연습을 해보는 것도 좋다. 옷이 불편하지는 않은지, 앞서 이야기한 보디랭귀지가 자유로운 의상인지 직접 입어보고 진행하라.

드레스 리허설을 오픈(Open) 리허설 형식으로 진행하는 것도 좋다. 오픈 리허설은 공연 전 관객이나 기자들에게 미리 공개하는 리허설이다. 즉 적은 수의 사람이라도 모아 놓고 미리 강의를 해 실제 강의에서의 청중반응을 미리 확인해보고, 나아가 피드백을 받는 것이다. 이때 청중으로 모신 사람이 당신의 가족이거나 친구더라도 엄연히 청중이다. 즉 당신의 강의를 듣고 평가해줄 전문 심사위원이다. 그들의 피드백을 받고 좀 더 개선할 부분이 없는지를 체크하라.

어느 순간 '완벽하다'는 생각이 들면 '내일 강의 어떻게 하지? 떨려'가 아닌, '내일 강의 자신 있어. 완벽한 강의를 빨리 청중에게 들려주고 싶어'라는 설레는 마음이 들면서 내일이 기다려질 것이다. 그러면 당신은 리허설을 마치고 컨디션을 조절하고 일찍 잠자리에 들도록 한다.

《완벽한 연설가》를 쓴 가일스 브랜드레스(Gyles Brandreth)는 연설을 "지루하겠지만 여러 번 쓰고 읽으면서 같은 음식을 씹고 또 씹는 것과 같은 노력이 필요하다"고 했으며 또 재닛 수즈먼(Janet Suzman)은 "리허설은 시작하자마자 완벽하게 하는 것이 아니다. 잘못한 다음 다른 방법을 찾아 어떤 것이 연극을 더 좋게 만들고 등장인물을 좋게 만드는지를 알아내는 것이다"라고 했다. PRD기법으로 세 단계에 거쳐 수십 번을 리허설하면 많은 시간이 소요되고 지루하겠지만 리허설에 많은 시간을 투자해야 한다. 자신감 넘치고 내일의 강의를 설렘으로 기다릴 수 있을 때까지 연습해야 하며 리허설을 통해 밭을 몇 번씩 갈아엎다 보면 완벽한 강의를 할 수 있다. 세 가지의 단계를 거쳐 리허설을 하면 더욱 효과적으로 리허설하는 방법을 찾을 수 있고, 경험이 쌓이다 보면 자신만의 노하우도 생긴다.

이제 당신은 '강의력'과 '강사력'을 모두 갖춘 상태에서 완벽한 리허설까지 마쳤다. 내일의 강의에 대한 자신감과 설렘으로 기대가 되는 밤이다. 이제 강의를 프로답게 완벽히 성공적으로 진행하는 내일을 위해 좋은 꿈을 꾸길 바란다.

프로 강사의
LIVE 강의
실전

완벽한 강의를 위한 완벽한 준비를 갖춰라

"시작하는 방법은 그만 말하고 이제 행동하는 것이다."
월트 디즈니(Walt Disney)

아침이 밝았다. 오늘은 당신이 그토록 열심히 준비한 강의를 청중에게 선보일 차례다.

최소한 강의 시작 1시간 전에는 강의실에 도착해야 한다. 당신은 워밍업의 시간이 필요하다. 그렇지 않아도 긴장되고 떨리는데 시간이 빠듯하기까지 하면 심장이 마구 요동쳐서 무대에서 떠는 모습을 보이거나 실수할 수 있다. 일찍 도착해서 나쁠 것은 단하나도 없다. 너무 일찍 도착했다면 근처 카페에서 노트북을 켜고다시 한 번 강의 자료를 보며 내용을 익히도록 하는 시간을 벌 수있다. 또 강의장까지 오는 동안에 무슨 일이 벌어질지 모르기 때문에 웬만하면 대중교통을 이용하라.

강의장에 도착하면 가장 먼저 빔 프로젝터에 노트북을 연결한다. 강사는 항상 자신의 노트북을 들고 다니는 버릇을 들여야 한다. 앞에서도 언급했지만 강의장에 노트북이나 PC가 있어도 만일의 사태를 대비해 자신의 노트북과 빔 프로젝터를 연결하는 젠더, 전원코드, 연결선 등을 꼼꼼히 챙긴다. 또 강의 자료는 USB에 복사해 따로 챙긴다.

준비는 아무리 철저해도 지나치지 않다 🎧

많은 강의를 하다 보면 머피의 법칙처럼 하루 종일 꼬이는 날도 있고 별의별 일들이 발생한다. 그래서 항상 꼼꼼하다 못해 치밀하다 싶을 정도로 만일에 대한 준비를 철저히 하도록 하는 것이 프로 강사다.

가수이자 JYP엔터테인먼트 대표인 박진영은 그의 에세이 《미안해》에서 자신이 만일의 사태에 대비하는 법을 이야기한다.

"미국에서 음반 녹음을 마치면 나는 반드시 세 개의 마스터 테이프를 만든다. 미국 친구에게 하나 맡기고, 짐칸에 하나 넣고, 마지막으로 짐이 분실될 것을 대비해 내 몸에 하나를 지닌다. 마스터 테이프를 만드는 데 꽤 많은 시간이 들지만 조금도 귀찮거나 시간이 아깝지 않다. 반년을 고생해서 만든 음반이 만에 하나라도 잃어버려 다 날리는 것보다 낫다.

집 앞에 가게를 다녀올 때도 문을 잠그고 갔다 올까 말까 망설이다가 내가 갔다 온 그 10분 사이에 도둑이 들어서 후회할 걸 생각해보면 바로 문을 잠그게 된다. 그리고 '이렇게 간단한 일을 왜 망설였지' 하고 생각한다.

한번은 미국을 가는데 출발 전날 매니저가 전화를 걸어 비행기 티켓을 끊었다며 다음 날 공항에서 비행기 출발 1시간 전에 만나자고 했다. 나는 미안하지만 오늘 좀 집으로 가져다 달라고 했다. 다음 날 매니저가 공항으로 오는 길에 차가 고장 날 수도 있기 때문이다."

무거운 노트북을 챙기려니 너무 귀찮기도 하고, '어차피 노트북을 챙기는데 USB에 굳이 담아갈 필요가 있을까' 라고 생각하는 순간 이미 문제는 생기기 시작한다. 귀찮고 번거로운 일인 것 같지만 어찌 보면 매우 간단한 일이다. 치밀할 정도로 준비하는 습관을 들여라.

일어날 수 있는 모든 일에 대비하라 🌑

한 번은 외부로 강의를 나갔는데, 강의실에 도착해 노트북을 켜자마자 자동으로 업데이트가 시작됐고 내가 아무것도 손댈 수 없었다. 하는 수 없이 미리 준비해 놓은 USB로 강의실에 있는 노트북을 활용하기로 했다. 그런데 어제까지만 해도 잘되던 USB가 인식이 되지 않았다. 그러면 노트북 업데이트가 완료된 후에나 강의가 가능한데 언제 다 될지 알 수 없는 노릇이었다. 당황하기 시작했다.

강의실 담당자에게 다른 컴퓨터와 새 USB를 빌렸다. 내 USB를 다른 컴퓨터에서 인식시킨 후 빌린 USB에 담기 위해서였다. 하지만 내 USB는 다른 컴퓨터에서 조차 인식이 되지 않았다. 정말 식은땀이 등줄기를 타고 흘러내렸다. 그냥 시각 자료 없이 말로 때울까 순간 고민하기도 했지만 그건 안 될 말이었다. 최선을 다해 PPT 자료를 띄울 방법을 찾아야 했다.

회사에 전화를 걸어 내 PC에서 자료를 메일로 보내달라고 부탁했다. 그리고 메일로 받은 파일을 빌린 USB에 담고 강의실 노트북에 연결해 겨우 자료를 화면에 띄울 수 있었다. 지금도 그때 기억을 떠올리면 심장이 쿵 하고 떨어지는 것 같다. 5분도 채 걸리지 않는 화면 띄우는 일을 30분 이상 소요했으니 워밍업도 제대로 못했고, 당황스러운 마음이 강의를 진행할 때에도 그대로 남아서인지 그날 강의는 내 기준에서 100% 만족스럽지 않았다. 그 후로 나는 메일과 클라우드에도 강의 자료를 두는 버릇을 들였고 강의실 컴퓨터가 인터넷에 연결이 안 된 경우까지 고려해 USB를 두 개씩 가지고 다니기 시작했다.

강의의 생명이라고 할 수 있는 PPT 자료를 최대한 많은 데에서 끌어올 수 있도록 철저히 준비하도록 하라. 항상 시간적인 여유를 충분히 갖고 강의를 시작할 수 있도록 사전에 철저하게 준비해두는 습관을 기르도록 하는 것이 좋다.

장비 확인은 철저히 하라 🌂

앞서 다뤘던 3P 분석기법 중 장소를 분석할 때 장비에 대해서는 이미 다 파악했겠지만, 당일 체크도 중요하다. 빔 프로젝터에 PPT 자료를 무사히 잘 띄우는 것까지 성공했다면 포인터를 이용해 다음 슬라이드로 잘 넘어가는지 확인하며 글자가 깨지거나, 화면 밖으로 자료가 삐져나가지는 않았는지, 초점은 맞는지, 동영상은 제대로 작동하는지 등을 꼼꼼히 확인하도록 한다. 이 때 동영상도 가끔 재생이 안 되는 경우가 있어 난감할 때가 있다. 힘들게 편집하고 따낸 동영상이 안 된다면 그것만큼 속상할 때가 없다. 그렇다고 아쉬운 마음에 일단 띄워두고 "제가 이러이러한 동영상을 준비했는데 여기서는 재생이 안 되네요" 하고 이해를 구할 수도 없다. 동영상이 PPT 내용에 포함되어 있다면 USB에 따로 동영상 파일을 담아두고, 만일 재생되지 않을 경우 동영상 파일을 지우고 다시 넣어보고, 그래도 안 되면 강의 중간에 PPT 자료 화면을 내리고 동영상을 보여줄 수밖에 없다. 또 강의 전 PPT 화면과 가장 먼 자리에 앉아서 PPT 화면이 잘 보이는지, 소리는 잘 들리는지 꼼꼼히 체크한다.

이제 마이크 상태를 확인한다. 특히 에코가 들어가 울리지는 않는지, 강의실 구석구석까지 소리가 잘 들리는지 체크한다. 마이크가 유선인지 무선인지 체크한다. 간혹 강사 중에는 강의실 마이크가 유선일 경우를 대비해 무선마이크를 가지고 다니는 사람도 있는데 그것 역시 추천한다.

동선 체크까지 완료했다면 워밍업의 시간을 갖는다. 숨을 가다듬고 복식호흡으로 긴장되는 마음을 달랜다. 스트레칭을 하고 입 근육을 풀어주고 강의할 자료들을 둘러보며 다시 한번 숙지한다. 낯선 장소에서 낯선 사람들에게 하는 강의는 언제나 편할 리 없다. 나 역시 사내 강의는 같은 장소에서 늘 보던 이들과 함께 진행하기 때문에 편하게 강의하지만 외부로 강연을 나가면 두려움을 많이 느낀다. 새로운 환경에 대한 적응이 남들보다 느린 나는 낯선 곳에 대한 두려움이 있다. 심지어 이사를 할 때도 전혀 모르는 동네의 낯선 곳이 아닌 전에 살던 집과 가깝거나 이미 익숙한 곳으로 이사한다. 나는 강의실을 둘러보며 익숙해지는 것을 워밍업에 가장 많이 할애한다. 당신도 당신에게 맞는 워밍업 방법을 찾아 시간을 잘 분배하기 바란다.

청중은 3분 안에
강의를 들을지 말지를 결정한다

나는 워밍업 시간에 뉴에이지 같은 편안하고 차분한 느낌을 주는 음악을 틀어놓고 청중을 기다린다. 청중은 강사가 어색하고, 강사 역시 청중의 어색함을 느끼는 한편 오늘 진행할 강의에 대해 긴장하고 있다. 음악을 틀어두면 서로 어색함을 달래고 긴장을 해소할 수 있다. 가끔 최신가요를 틀기도 하지만 아직 친밀감이 형성되지 않은 어색한 사이기 때문에 마음이 편해지는 차분한 음악으로 선곡하는 것이 좋다. 차분한 음악은 사람을 안정시켜 학습효과도 높인다.

병원에서 클래식 음악을 틀어놓는 경우가 많다. 병원 자체에 두려움과 긴장을 느끼는 사람들을 위한 병원의 따뜻한 배려다. 강사도 청중을 배려할 수 있어야 한다. 강사의 배려부터 이미 강의는 시작됐다.

강의는 이미 강의 전에 시작됐다 🎤

당신은 언제 강의를 시작하는 것이라고 생각하는가? 강사 입장에서는 강의를 의뢰받은 순간부터 강의가 시작됐다. 하지만 청중의 입장에서의 강의는 강의실에 들어서는 순간부터 시작된다. 강사가 강의 담당자의 소개를 받고 연예인처럼, 주인공처럼 등장하는 경우가 있는데 그렇게 하지 말기를 권한다. 강의실에서 기다리며 직접 청중을 맞이하라. 강의 시작 전부터 청중과 친밀감을 형성하라.

강의실에 들어서는 청중은 강사의 머리부터 발끝까지 스캔한다. 그 모습만으로 이미 강사가 어떤 사람이고 어떤 강의를 할지 판단한다. 소개팅 상대와 대화를 나누기도 전에 이미 모든 것을 스캔하고 판단하는 것과 같은 것이다. 옷차림, 외모부터 시작해 표정, 행동까지 청중은 당신의 모든 것을 지켜보고 있다. 이제 강사는 강의실 내에서 이미지 관리를 해야 한다.

강의실에 들어서는 사람들을 한 명 한 명 밝고 따뜻한 미소로 맞이한다. 그리고 웬만하면 일찍 오는 사람들을 앞자리에 앉도록 권한다. 미리 도착한 사람은 늦게 와서 몇 마디 나누지 못한 사람보다 친밀감을 훨씬 더 잘 형성할 수 있는데 이들이 앞자리에 앉혀야 강사가 질문을 해도 앞에서 잘 대답해준다. 다시 말해 강사가 가장 잘 보이는 앞자리에서 따뜻한 미소로 강의에 공감해주며 응원해줄 내 편이다.

일단 사람들이 도착하면, 지금부터는 모든 것을 제쳐두고 강사는 라포르를 형성하기 시작해야 한다. 4장 두 번째 꼭지에서 다뤘던 '유혹의 기술'을 써라. 비슷한 공통점을 찾아 이야기하거나 내가 청중 분석을 제대로 했는지 확인하기 위한 질문도 하며 청중이 공감할 소재거리를 다시 한 번 강의실에서 찾는 것이다. 순발력 좋은 강사들은 강의 내용과 엮어서 "이분과 강의 전에 잠깐 이야기를 나눴는데요. 그때 이러이러한 말씀을 하시더라고요" 하며 그 내용을 인용할 수도 있다. 청중의 직접적인 목소리에 귀를 기울이고 이를 강의에 반영하면 더욱 효과적이기 때문에 강의 전에 짧게나마 대화하는 것은 매우 중요하다.

강사와 강의 전에 청중과 라포르를 형성해 청중이 강사에게 강의 전부터 호감을 갖게 됐다면, 그들은 강의 시작부터 강의가 끝날 때까지 연신 따뜻한 미소로 내가 말할 때마다 고개를 끄덕이며 나를 응원한다.

자기 소개가 모든 것을 결정한다 ✈

이제 진짜 강의가 시작되었다. 강의 담당자가 강사를 소개했더라도 스스로 강사가 자신을 한 번 더 소개하는 것이 좋다. 이때 청중은 강사의 강의를 들을지 말지 3분 안에 결정한다. 청중은 이미 당신의 외모와 강의 제목으로 오늘 강의에 대한 첫인상을 갖고 있다. 그것이 긍정적인 것이든 부정적인 것이든 말이다. 그런데 강의와 강사의 첫인상을 긍정적으로 평가했더라도 첫 3분이 지나는 동안 부정적으로 재평가할 수 있고, 처음엔 부정적으로 판단했어도 다시 호감을 가질 수도 있다.

　한 취업 포털 사이트에서 인사 담당자 335명을 대상으로 채용에 관한 설문조사를 했다. 그중 65.7%는 첫인상이 좋아 채용한 경우가 있다고 밝혔는데 면접자의 첫인상을 파악하는 데 걸린 평균 시간은 3분이었다. 이것은 인사 담당자뿐 아니라 우리가 낯선 사람과 첫 만남을 가졌을 때 상대의 첫인상을 판단하는 데 걸리는 평균 시간이기도 하다. 인사 담당자의 25.1%가 면접자를 1분 안에 파악했다고 말했으며 들어오자 파악 파악했다는 인사 담당자는 15.8%나 되었다고 한다. 첫인상을 파악하는 요인에는 태도나 자세가 44.2%로 가장 높았으며 표정과 인상은 30.2%, 말투와 사용하는 언어는 14.3%를 차지했다.

　사람의 첫인상을 평가할 때 시각적 요소와 청각적 요소가 모두 작용한다. 청중은 강사의 시각적인 것으로 이미 강사의 첫인상을 판단했다. 이제 당신의 말이 시작된다. 처음에 부정적인 인상을 줬더라도 만회할 기회가 있다. 청중은 처음 당신이 인사를 시작하면 모두 집중해서 당신을 바라볼 것이다. 강의를 들을지 말지를 판단해야 하기 때문이다.

자기소개를 특별하게 준비하라 ⏺

　강사는 청중에게 자신의 첫 소개를 시작한다. 소개를 할 때는 "안녕하세요, 좀 전에 소개된 OOO입니다"라고 밋밋하게 하기보다는 좀 더 특별하게 소개하면 좋다. 특히 오늘 강의 주제와 엮어 자신을 소개하거나 자신의 이름을 활용하면 더욱 기억되기 쉽고 청중에게 재미와 흥미를 준다. 예를 들어 인상의 중요성을 이야기하는 강의라면 강의 내용을 아울러서 소개하거나 자신만의 닉네임이나 수식어를 이름 앞에 붙여 자신을 소개할 수 있다.

"안녕하세요. 험악한 조폭 인상에서 따뜻한 옆집 아저씨 인상으로, 인상뿐 아니라 인생까지 바꾼 인상 트레이너 ○○○입니다."

이렇게 소개하면 청중은 '아, 원래는 인상이 안 좋았는데 지금은 좋아졌나 봐. 인상이 변하면서 인생까지 변했다는데 어떻게 된 거지?'라며 흥미를 유발 하고 강사의 이야기가 궁금해질 것이다. 또 인상에 대한 강의를 할 수 있는 사람, 즉 강의할 자격이 있는 사람으로 판단하게 될 것이다.

내가 최근에 인연을 맺은 행복을 주제로 강의를 하는 분이 있다. 이 분은 자신의 이름을 이용해 자신을 재미있게 소개를 한다.

"저는 우주의 기운을 받아 태어났습니다. 그리고 아주 훌륭한 오빠들이 있습니다. 저희 오빠는 바로 공자, 맹자입니다. 우주의 기운, 오행을 받은 여자, 공자, 맹자 동생 '오행자'입니다. 반갑습니다."

재미있는 그의 소개에 모두들 웃으며 환영의 박수를 보냈다. 그리고 그 이름은 나에게도 쉽게 잊히지 않는다. 어찌 보면 그저 평범한 이름이 오히려 특별하고 재미있게 느껴지며 모두의 입가에 미소를 짓게 하는 소개다.

기억하라. 강사의 소개 한마디가 청중의 생각을 움직인다. '강의가 유익할 것 같다. 잘 들어봐야겠다'라고 생각할 수도 있고, '오늘 강의 별로일 거야. 핸드폰 게임이나 해야지'라고 생각할 수도 있다.

아이스브레이크하라 🏃

여기서 한 가지 주의할 점은 인사 후 바로 강의 내용을 시작하게 되면 강사 소개에 웃던 청중이 갑자기 딱딱해진 분위기에 표정 또한 굳어버릴지도 모른다. 1장 네 번째 꼭지에서 다룬 아이스브레이크로 서로의 긴장감을 해소하는 시간을 갖고 친밀감을 형성해야 한다.

앞에서도 언급했듯이 아이스브레이크는 퀴즈같이 청중을 움직이는 것이 좋다. 하지만 강의실의 사정에 따라 진행을 못할 수도 있고, 꼭 그래야 하는 것도 아니다. 청중의 연령대가 자신보다 어리다면 자신이 어릴 때의 소소한 추억이나 관심을 이야기하며 요즘은 무엇이 유행인지, 어떤 것에 관심이 있는지 질문을 통해 소통하며 라포르를 형성할 수도 있다. 또 청중을 칭찬하며 시작할 수도 있다. 예를 들면 "와~ 오늘 여기 오신 분들을 이렇게 보니까 인상들이 다들 너무 좋으세요. 오늘 '인상이 인생을 바꾼다'를 강의하려고 왔는데 오히려 제가 여기 계신 분들에게 배우고 가야 할 것 같다는 생각이 듭니다" 하며 자연스럽게 강의 주제와 연결할 수 있다. 칭찬을 들은 청중들은 강사에게 호감을 갖기 시작하고 강의를 잘 듣고 싶은 마음이 생긴다.

만약 오늘 청중들의 표정이 어둡고 좋지 못하다면 "오늘 오실 때 무슨 일 있으셨어요? 다들 인상이 많이 굳어 계세요. 요즘 100세 시대라고 하죠. 그래서 이제는 건강과 젊음이 중요한 시대입니다. 그런데 지금처럼 이렇게 굳은 표정을 하시면 중력 때문에 계속 피부가 아래로 처져서 더욱 빨리 나이 들게 돼요. 중력을 거스르는 젊음을 유지하고 싶다 하시는 분은 입꼬리를 올려서 아름다운 미소를 연신 지어주세요. 노화방지에 효과가 있답니다"라고 하면 긴장감도 풀리면서 청중은 굳은 표정에서 좀 더 편안한 표정으로 바뀐다. 이때 입꼬리를 올려주는 얼굴 운동 등을 같이 하면 긴장감이 더욱 풀린다.

주의할 점을 하나 이야기하자면, 라포르 형성이나 아이스브레이크, 강의 등을 급하게 시작하지 마라. 여유를 갖고 인사를 한 후에 청중을 모두 하나하나 바라보며 눈을 맞춘 후에 시작해야 한다.

좋은 첫인상을 남길 수 있는 기회는 결코 두 번 다시 오지 않는다 ☻

심리학자 시어도어 루빈(Theodore Issac Rubin)의 말이다. 강사가 자신의 소개를 자랑하듯 자신의 학력, 경력과 수상내역들이 빼곡히 적인 슬라이드를 띄워두고 '지자랑 소개'로 강의를 시작했다면 모든 청중들은 인상을 찌푸리며 '듣고 싶지 않은 강의, 지 자랑하는 강의'라고 생각해 부정적인 시선을 보낸다. 아무리 강사가 노력해도 처음부터 끝까지 일그러진 표정으로 강의를 듣는다.

청중의 표정이 좋지 않으면 강의하는 내내 힘들다. 딱딱하고 차갑고 반응도 하지 않는 청중을 보면서 강의하는데 강사가 신이 나겠는가. 청중 누구도 당신이 어떤 일을 해온 대단한 사람인지에 대해 관심 없다. 물론 자신의 강의를 할 수 있는 자격이 있다는 것, 내가 신뢰할 만한 사람이라는 것을 살짝 어필하는 정도는 좋지만 그것이 지나치면 청중에게 처음부터 찍힌다. 한번 찍히면 계속 찍힌다. 강사가 하는 말마다 꼬투리를 잡고 '쳇, 뭐야 무슨 말이 저래' 하며 부정적인 시선과 생각으로 강의를 듣는다. 강의를 그렇게라도 들어주면 그나마 다행이다. 아예 강의를 듣지 않거나 강사의 질문에 부정적으로 답하는가 하면 강의 진행 중에 잡음을 넣고 딴죽을 걸기도 한다. 괜한 자랑 한마디에 청중에게 반감을 사 적을 만들지 말라. 청중은 오늘 강의로 자신이 무엇을 얻을 수 있는지만 관심이 있다는 것을 기억하자.

서론에서 강의를 듣고 싶게 하라

이제 당신은 본격적으로 PPT 자료를 가지고 강의를 시작하는 단계에 왔다. 이미 기획과 설계 단계에서 완벽하게 콘텐츠를 구성했다. 청중에게 자신을 소개하고 라포르를 형성하고 아이스브레이크로 즐거운 시간을 보냈다면 이제 진짜 강의를 시작해야 한다.

준비한 자료대로 강의를 잘 이끌어가기만 하면 된다. 그런데 아직까지도 청중을 당신의 편으로 만들지 못했다면, 서론 부분에서 청중이 당신의 강의를 듣고 싶어지게 만들어야 한다.

어떻게 해야 청중이 강사의 강의를 듣고 싶어 할까? 그 방법으로는 세 가지가 있다. 첫째, 동기를 부여하라. 둘째, 강의를 들으면 얻을 수 있는 이익을 이야기하라. 셋째, 결론부터 말하라.

청중에게 동기를 부여하라 🐙

동기부여란 '어떤 목표를 지향하여 생각하고 행동하도록 하는 일'이다.

존 켈러(John M. Keller)는 학습동기이론에서 동기유발의 네 가지 조건으로 'ARCS'를 언급했다. 'Attention(주의집중)', 'Relevance(관련성)', 'Confidence(자신감)', 'Satisfaction(만족감)'이다.

첫째, 주의집중. 학습자가 학습에 흥미를 가지고 관심을 갖도록 유도해야 한다. 둘째, 관련성. '왜 이 과제를 공부해야 하는가?'에 대한 해답을 제시해야 학습 동기가 생긴다. 셋째, 자신감. 100%의 성공이 보장되지는 않더라도 노력에 따라 성공할 수 있다는 자신감을 심어주는 것이 높은 동기유발 및 유지의 요소다. 넷째, 만족감. 학습자가 학습을 통해 기대하는 결과가 일치해야 하고 그 결과에 만족하게 해야 한다는 것이다.

청중에게 강의를 듣는 동기를 부여하려면 먼저 강렬한 것으로 주의를 집중시키고(이것은 이미 기획단계에서 만들어져야 하고 PPT 자료에도 필요 시 담아내야 한다), 청중이 왜 이 강의를 들어야 하는지 이유를 말하고, 반드시 변할 수 있다는 자신감을 주며, 그렇게 했을 때는 어떤 결과를 얻을 수 있는지를 이야기해야 한다.

강의를 들었을 때
무엇을 얻을 수 있는지 제시하라 🎯

ARCS 중 만족감을 좀 더 풀어 이야기하자면 이것이 바로 청중이 듣고 싶어 하는 강의를 만드는 두 번째, 강의 내용으로 얻을 수 있는 '이익'이라고 할 수 있다. 앞에서 수도 없이 이야기한 내용이다. 또 강조하자면 청중은 자신이 강의로 얻을 수 있는 만족감과 이익이 어떤 것인지를 알고 싶어 한다. 그것을 강의 서론 부분에서 강사가 이야기해야 한다. 단 그것은 청중에게 정말로 유용한 이익이어야 한다. 육아에 대한 강의를 예를 들어보자. 이 강의를 듣는 사람은 아이를 키우는 엄마다. 똑같이 아이를 키우는 엄마라도 내 강의의 청중이 이제 발달을 시작하는 단계의 3세 이하의 자녀를 키우는지, 자신의 표현을 하기 시작하고 자기의 주관이 생기기 시작하는 4세 이상의 자녀를 키우는지 파악해 강의를 기획해야 한다. 4세 이상의 자녀를 키우는 엄마들을 상대로 강의한다고 가정하자. 이들이 두려워하는 것 중 하나는 아이에게 소리를 지르거나 매를 드는 것이다. 이것이 아이를 망치고 아이에게 상처를 줄까 봐서다. 그렇다면 강의 주제를 아이를 올바르게 대하는 법으로 잡고, 결론 부분에서 아이 때문에 화가 치솟을 때 스스로를 진정시키는 법이나 아이를 혼낼 때 소리 지르지 않고도 말을 잘 듣게 하는 법을 결론에 이야기하면 된다. 서론 부분에서 엄마들과 공감할 수 있으면서도 강렬한 예를 들며 "이럴 때 아이에게 어떻게 해야 할지 궁금하고 답답하셨을 겁니다(공감. 헤아림으로 소통). 오늘 강의에서는 아이들을 똑똑하게 잘 키우는 법을 소개하고 또 아이를 키우면서 절제하지 못한 우리 엄마들의 감정을 다루는 방법들에 대해 이야기를 함께 나누는 시간을 가져보도록 하겠습니다"라고 하는 것이다.

여행 가이드는 여행자들에게 그날의 일정을 미리 이야기해준다. 그러면 여행자들은 그날의 여행에 대해 더욱 흥미와 기대가 생긴다. 강의도 마찬가지다. 강의로 인해 청중이 어떤 것을 얻을 수 있는지, 그리고 그것을 얻기 위해 오늘 강의가 어떻게 진행되고 어디서 끝나는지 미리 알려주면 청중은 강의에 대한 흥미를 갖고 더욱 강의에 집중한다.

결론부터 말하라 🌂

서론 부분에서 강의를 듣고 싶도록 만들기 위해서는 '결론'부터 말하는 것이 좋다.

한 남자가 여자에게 이야기한다. "있잖아. 내가 너한테 할 말이 있어. 너는 남들을 배려할 줄 알고, 정말 착한 사람이야. 전에 보니까 어려운 사람들을 돕는 봉사활동도 하고 있더라. 그리고 ㅇㅇ이가 너를 뒤에서 욕한 걸 알고도 걔를 너그럽게 용서하는 모습을 보고 정말 나는 너를 괜찮게 봤거든" 한다. 할 말이 있다는 친구가 계속 무언가를 이야기하기 위해 장황하게 말을 늘어놓는다. 이때 여자는 남자에게 이렇게 이야기한다.

"그래서 뭐? 하고 싶은 이야기가 대체 뭔데?"

남자는 여자의 좋은 모습들을 보면서 마음이 생기기 시작했고 "나 너 좋아해. 우리 사귀자"라고 이야기하고 싶었다. 근데 여자는 '대체 얘가 무슨 이야기를 하려고 이래'라는 생각밖에 들지 않는다. 답답하고 빨리 결론을 듣고 싶다.

"있잖아. 내가 너한테 할 말이 있어. 나 너 좋아한다. 너는 남들을 배려할 줄 알고, 정말 착한 사람이야. 어려운 사람들을 돕는 따뜻한 마음이 있고 너그럽기까지 해서 정말 나는 너를 괜찮아 봤거든. 우리 사귀자"라고 했다면 어땠을까?

처음부터 "나 너 좋아해"라고 결론부터 말하면 그 말 뒤에 어떤 말이 나올지 궁금해서라도 듣게 된다. 이는 고백만의 문제가 아니다. 상사에게 보고할 때도, 프레젠테이션할 때도 마찬가지다. 결론부터 이야기해야 다음 내용이 듣고 싶어진다.

《결론부터 써라》의 저자 유세환은 "결론부터 쓰면 논리적 글쓰기와 논리적 커뮤니케이션 능력을 강화할 수 있다"고 했다. 그러면서 "결론을 앞에 쓴 글은 읽은 사람에게도 좋다. 결론을 먼저 쓰면 전체를 먼저 보여주고 구체적인 사항을 들어가기 때문에 내용 파악이 훨씬 쉽다"라고 했다.

이 꼭지에서도 나는 당신이 궁금해할 것에 대해 결론부터 이야기했다. "어떻게 하면 청중이 강사의 강의를 듣고 싶어 할까?"라고 질문한 후 바로 결론부터 답했다. "첫째, 동기를 부여하라. 둘째, 강의를 들으면 얻을 수 있는 이익을 이야기하라. 셋째, 결론부터 말하라"라고 말이다. 질문만 제시해놓고 첫째부터 셋째까지 차례대로 다루면 독자는 그 질문에 대한 답이 궁금해 책을 차례대로 읽지 않고 첫째, 둘째, 셋째라고 이야기한 문장만 읽기 때문이다. 먼저 결론을 내세우면 각각을 풀어낸 내용에 대한 궁금증이 생겨 차근차근 책을 읽게 된다.

낯선 목적지를 찾아 헤맬 때는 어디까지 얼마나 가야 하는지 모른 채 길을 찾아가기 때문에 가는 길이 멀게만 느껴진다. 그런데 갈 때는 멀게 느껴졌던 길이 올 때는 빨리 온 것처럼 느꼈던 경험은 누구에게나 있다. 아는 길이 되면 쉬워지고 재미있어진다. 강의 역시 마찬가지다. 서론에서 결론부터 이야기하면 미리 알고 가는 길처럼 느껴지고 재미와 흥미를 느끼며 더욱 강의에 집중한다.

청중을 강의에 빠지게 하라

강의의 내용은 서론 10%, 본론 80%, 결론 10% 정도로 비율을 맞추는 것이 좋은데, 이는 이미 콘텐츠 구성부분에서 당신이 잘 계획해뒀을 것이다.

강의의 80%를 차지하는 강의의 핵심, 허리부분을 이제 이야기할 차례다. 당신은 본론 WHY, '왜 그래야 하는가'를 두고 이야기를 풀어나가야 한다. 청중을 설득하는 데 가장 중요한 부분이다. 강의는 쌍방향 커뮤니케이션의 성격을 띠고 있다고 여러 번 말했다. 여기에서 가장 많은 쌍방향 커뮤니케이션이 이루어져야 한다.

강의가 리허설대로 진행되지 않기도 한다. 돌발 상황이 생기기도 하고, 라포르 형성에 실패해 청중이 강의에 흥미를 잃었을 수도 있다. 그럴 때는 재빨리 순발력 있게 내용을 바꿔야 한다. 그렇다고 강의 중간에 PPT를 수정할 수는 없는 노릇이다. 이때 다음 세 가지 무기로 청중의 주의를 집중시키고 당신의 강의에 빠지게 할 수 있다. 바로 '전환, 스토리텔링, 질문'이다.

분위기를 전환하라 ●

전환이란 앞에서도 다룬 적이 있는 '스팟'과 같은 것이다. 추가로 설명하자면 스팟은 흐름 상 필요한 것이어야 한다. 강의 주제와 관련이 있든, 그 상황에 필요하든 하는 이유가 명확해야 한다는 뜻이다. 예를 들어 점심 후 강의의 경우 청중의 집중력이 떨어진다. 리듬을 타듯 고개를 이리저리 끄덕이며 조는 청중이 있는가 하면 입을 쩍 벌리고 하품을 하기도 한다. 이런 상황에서 계속 강의를 진행하는 것은 하품만 하던 청중마저 졸게 만들 수 있다.

강의 중에 쉬는 시간이 있는 경우라면 쉬는 시간을 앞당겨서 쉬게 해야 하는 것이 좋지만 쉬는 시간이 없는 1시간이나 1시간 30분짜리 강의라면 전환이 필요하다. "여러분, 식사 후 강의라 많이 피곤하시죠? 졸음을 쫓도록 가벼운 스트레칭으로 몸을 풀어볼게요" 하며 청중의 몸을 풀어준다. 그래서 강사라면 스트레칭 몇 가지를 늘 숙지하고 있어야 한다. "손가락을 깍지 껴서 쭈욱 위로 올리시고 왼쪽, 오른쪽 왔다갔다 움직여주세요(강사가 시연으로 보여주며 설명하기). 이렇게 하면 옆구리 살과 뱃살 빼는 데 효과도 있어요"라고 하면 스트레칭에 관심을 보이며 의욕을 갖고 따라 한다.

이렇게 몸을 풀어준 후 바로 강의를 진행하는 것보다는 짧은 여담이나 재미있는 일화를 소개한다. 그리고 다시 강의 내용에 들어가면 이제껏 무엇을 이야기했고 이제 무엇을 이야기할 것인지 다시 한 번 정리한 후 시작하는 것이 좋다. 이렇게 전환을 해주고 나면 졸던 청중들도 조금은 잠을 깰 수가 있다. 다양한 스팟을 많이 알고 있다가 상황에 맞게 활용하면 좋다. 그래서 강사는 늘 잡학다식하게 많은 것을 보고 듣고 검색하고 익혀야 한다.

자기 이야기를 하라 ☂

스토리텔링을 통해서도 청중을 강의에 빠지게 할 수 있다. 스토리텔링이란 스토리(story)+텔링(telling)의 합성어로 상대방에게 알리고자 하는 바를 재미있고 생생한 이야기로 설득력 있게 전달하는 행위를 의미한다. 강의 흐름상 필요했다면 당신은 이미 기획 단계에서 스토리텔링을 포함시켰을 것이다. 강의 주제를 뒷받침하는 데 스토리텔링만큼 좋은 것도 없다. 만약 당신이 자기소개 때 강의를 할 수 있는 자격에 대해 설명 못 했다면 스토리텔링으로 충분히 풀 수 있고, 라포가 형성되지 않은 청중도 스토리텔링을 통해 당신의 편이 될 수 있다. 뿐만 아니라 청중에게 강력한 동기를 부여하고 강사가 청중을 설득하는 데 큰 힘을 발휘한다.

주의할 점. 스토리텔링은 반드시 당신의 스토리여야 한다는 것이다.

유명인의 사례와 일화, 명언으로 청중의 신뢰를 얻었다면 당신만의 생생한 스토리를 본론에서 이야기한다. 하늘 아래 새로운 것은 없기에, 다른 강사의 강의와 내 강의를 차별화할 수 있는 지점은 당신의 스토리를 푸는 것이다.

《참을 수 없는 글쓰기의 유혹》의 저자 브렌다 유랜드(Brenda Ueland)는 "진실을 말하기만 한다면, 자신의 깊은 곳에서 나오는 것을 이야기한다면 누구나 독창적일 수 있다"라고 했다. 당신은 청중들이 경험하지 못한 것을 미리 겪어보고 그것을 공유하고자 하는 마음으로 강의를 하는 강사인 동시에 청중의 선배다. 후배들이 선배에게 가장 궁금해하는 것은 바로 선배의 경험이다.

시인이자 영화배우인 마야 안젤루(Maya Angelou)는 "사람들은 당신이 한 말과 행동을 잊는다. 그러나 당신이 느끼게 만든 감정은 잊지 않는다"라고 했다. 당신의 스토리로 청중의 머리가 아닌 가슴을 이해시키면 강의가 당신의 목적과 목표에 도달할 수 있으며 청중은 당신의 강의를 가슴으로 기억할 수 있을 것이다. 스토리의 마지막은 반드시 긍정적인 것으로 끝내야 한다는 점을 주의하라.

'인상이 바뀌면 인생이 바뀐다'란 주제로 당신이 스토리텔링을 하고자 한다면 어떻게 해야 할까? 과거에 고난을 겪었고 그로 인해 인상이 바뀌었다. 바뀐 인상 때문에 벌어진 좋지 않았던 일화들을 소개한 후, 우연히 인상이 좋지 않은 자신을 발견하고 어떠한 노력을 했다. 마침내 지금은 자주 웃는 습관을 들이고 생각을 긍정적으로 하기 시작하면서 긍정적인 변화가 일어났고 행복해졌다고 구성하면 된다.

스토리를 다 들려준 후 주장을 정리하라. "힘든 고난과 역경을 극복하고 지금은 이렇게 잘됐다, 인상이 좋지 못하니 이러한 안 좋은 일들도 있더라. 그러니 여러분들도 좋은 인상이 되도록 이렇게 바꾸어야 한다."

《설득의 스토리텔링》의 저자 이안 커러더스(Iain Carruthers)는 "스토리는 태곳적부터 사람들에게 영향을 끼치는 수단으로 사용됐다. 선사시대에는 불가사의한 짐승에 관한 스토리가 있었고, 그다음에는 방대한 양의 신화가 있었다. 현대에는 교사, 사장, 감독들이 학생, 직원, 스태프가 열의를 갖도록 설득하는 도구로 스토리를 사용한다. 시도하기만 하면 무엇이 가능한지 그 가능성을 뛰어난 스토리로 그려내는 것이 영향력 있는 사람들이 하는 일이다"라고 했다. 그러면서 "적절히 그리고 정확하게 사용하면 스토리는 사람과 사람을 연결하는 지름길이 된다. 그들은 무언가 듣고 싶어 한다. 스토리를 듣고 싶어 한다. 누구도 아닌 바로 당신의 스토리를 듣고 싶어 한다"라고 말한다.

강사의 스토리는 서론 부분에 다뤄도 상관없다. 흥미를 유발하면서 강사의 자격을 나타내기도 하고 왜 오늘 이 강의를 청중이 들어야하는지도 모두 설명되기 때문이다. 스토리텔링을 어디에 배치할지는 강의를 기획하는 기획자인 당신의 자유다. 본론에서 스토리텔링을 이야기하는 이유는 본론 부분이 가장 길기 때문에 청중이 지루해할 수 있기 때문이다.

청중에게 질문을 던져라 🔊

청중을 당신의 강의에 빠지게 하는 마지막 세 번째는 질문이다. 앞서 이야기한 바 있지만 청중을 당신의 강의에 참여시켜야한다. 청중을 아무것도 하지 않은 채 단지 몇 시간 동안 자리에 앉아 있게만 해서는 안 된다. 강의를 함께 즐겨야 한다. 그렇다고청중을 무대에 올라오게 해 당신의 강의를 대신 하게 만들 수는없다. 청중을 강의에 참여시키며 소통하고 쌍방향 커뮤니케이션까지 가능하게 하는 가장 쉬운 방법이 바로 질문이다. 질문을 적절하게 활용하면 청중과 소통하고 그들이 강의에 참여하며 강의의 즐거움에 빠지도록 할 수 있다.

질문은 청중이 가장 두려워하는 것 중 하나다. 강사가 청중의반응에 대해 두려움을 갖고 있듯 청중 역시 강의 중에 강사가 행여 자신에게 질문이라도 할까 봐 두려워한다. 그래서 대부분의 사람들은 구석진 뒷자리에 앉으려 하는 것이다. 그래서 강사는 '두려운 질문'을 하면 안 된다.

두려운 질문이란 뭘까? '어려운 질문'과 '청중을 무시하는 질문' 두 가지로 나눌 수 있다.

우선 어려운 질문부터 살펴보자. 강사가 "욜로족이 무엇일까요?"라고 질문했다 생각해보자. 청중의 연령이나 성별에 따라 어떤 이들에게는 욜로족이라는 말 자체가 낯설다. 또 '인생은 한번뿐이기에 현재를 즐겨야 한다'는 뜻은 대강 알고 있어도 'You Only Live Once'라는 풀네임까지 아는 사람은 거의 없다. 질문이

어려우면 청중은 강사의 시선을 피한다. 그런데 어떤 강사는 자기가 어려운 질문을 해놓고 청중에게 "왜 제 시선을 피하시죠? 시선을 피하는 분이 답변해보세요"라고 반은 농담처럼 이야기한다. 강사 본인에게서 문제를 찾지 않고 청중이 시선을 피한다며 오히려 청중을 탓한다. 그러고는 더욱 청중을 두렵게 만들어버린다. 질문은 쉬워야 하고 누구나 대답할 수 있는 것이어야 한다. 만약 생소하고 어려운 질문을 해야 한다면 "혹시 욜로족이라고 들어본 적 있으세요?" 같이 '네, 아니오'로 쉽게 답할 수 있는 질문을 하는 것이 좋다.

청중을 무시하는 질문이란 "욜로족이 뭔지 다들 아시죠?"라고 하는 것이다. 물론 이렇게 말하면 강사는 청중에게 답을 요구하지 않고 본인이 답을 풀어 설명할 것이다. 당연히 알 거라고 생각하고 설명조차 해주지 않는 것은 더욱 청중을 무시하는 행위다. 청중 중에 모르는 사람들이 있을 수 있다고 가정해야 한다. "욜로족이 무엇인지 혹시 아시는 분 혹시 있나요?"라고 묻는 것이 더욱 열려 있는 긍정적인 질문이다. 이렇게 질문할 때는 강사가 먼저 손을 들고 청중에게 손을 들어달라고 유도하는 것이 좋다.

질문을 할 때 주의해야 할 점을 몇 가지 살펴보자. 우선 누군가를 지명한 후에 질문하기보다는 먼저 청중 모두에게 질문을 던지고 청중이 생각할 수 있는 시간을 줘야 한다. 다들 대답을 피한다면 '괜찮다, 틀려도 좋다'라는 말로 위안하고 그래도 청중이 손을 들거나 대답하지 않는다면 당신에게 호의적인 사람에게 질문한다. 질문을 잊었을지 모를 그를 위해 다시 한번 질문하고 답을 듣는다. 당신에게 호의적인 사람은 강의 전 라포르를 형성한 사람, 혹은 강의 내내 당신에게 따뜻한 미소를 보내고 고개를 끄덕이며 공감의 표현을 한 사람이다. 강의 내내 인상을 쓰거나 무표정으로 강의를 듣던 사람은 질문을 받고도 대답을 하지 않거나 오히려 강사를 당황하게 하는 답이나 불만을 이야기할 수도 있다.

질문을 받은 사람이 답변을 할 때 강사는 말하는 사람의 눈을 바라보며 고개를 끄덕이며 '음~ 아~' 등의 추임새를 넣는다. 공감의 표현, 경청의 표현이다. 또 대답해준 사람에게 감사를 표하고 다른 청중에게 칭찬의 박수를 유도하는 것이 좋다. 설사 그가 당신이 원하는 답을 하지 못했더라도 절대 핀잔을 줘서는 안 된다. 민망하지 않도록 "그렇게 생각할 수도 있네요, 아주 좋은 생각이에요"라고 해준다. 그리고 그가 대답한 것을 다른 사람들이 이해할 수 있게 강사가 정리해 다시 말한 후 그 내용이 맞는지 청중에게 확인해주고, 답변한 사람을 다시 칭찬한다.

강사가 청중에게 질문을 받았을 때는 질문을 당신의 언어로 다시 정리해 질문의 요지가 이것이 맞는지 질문자에게 확인하고 답하는 것이 좋다. 만약 질문이 너무 어렵거나 애매모호해 답하기 어렵다면, 혹은 그 내용에 대해 잘 알지 못한다면 아는 척 하려하지 말고 솔직하게 모르는 것을 인정하고 따로 답변을 주겠다며 강의가 끝난 후 메일을 알려달라고 말한다.

말과 대화는 다르다. 말은 일방적 커뮤니케이션이고 대화는 쌍방향 커뮤니케이션이다. 강사는 말하는 사람이 아닌 청중과 대화하는 사람이다. 당신이 친구와 대화할 때 친구가 자신의 말만 하려고 한다면 어떻겠는가? 청중도 마찬가지다. 혼자만 떠드는 강사보다는 청중이 말하고 참여할 기회를 줘야 한다. 이는 사전에 치밀한 기획을 통해 가능하다. 청중은 소통하는 강사에게 더욱 호감을 느낀다는 것을 꼭 기억하기 바란다.

강의를 기억하게 하라

심리학자 헤르만 에빙하우스(Hermann Ebbinghaus)에 따르면 2시간이 지나면 사람은 배운 것의 60%를 기억하지 못한다. 1시간이 넘게 진행되는 강의의 모든 것을 청중이 다 기억할 수는 없다. 강사가 몇 번을 강조했더라도 시간이 흐르면 기억에서 사라지기 마련이다.

탈무드에는 "인간은 20년 걸려서 배운 것을 2년 만에 잊을 수가 있다"라는 말이 나온다. 20년이나 걸린 것도 2년 안에 잊어버릴 수 있다는데, 1시간 동안 배운 것을 기억하는 청중이 얼마나 있겠는가. 그러니 강의 마지막에는 청중이 잠시 잊고 있었거나 이미 잊어버린 것에 대한 기억을 되살리는 '심폐소생술'이 필요하다. 청중이 이미 잊었을지 모를 강의 내용을 청중의 기억에서 다시 끄집어내는 단계가 클로징이다. 강사가 전달한 메시지를 가슴으로 기억하게 하고 밖으로 빠져나오지 못하게 문을 닫는 것이다.

강의의 화룡점정, 클로징 🎯

클로징은 말 그대로 강의의 마무리 단계다. 오늘 어떤 것을 배웠는지 간단히 요약하고, 강의에서 꼭 기억해야 하는 핵심을 간단하게 정리해주는 것이다. 그리고 나서 오늘 강의에 대한 질문이 있는지를 청중에게 물어본다.

먼저 클로징 직전에 강의가 끝나가고 있음을 청중에게 알려주는 것이 좋다. '오늘 제가 강의에서 전하고자 했던 것은~'와 같이 직접적으로 이야기하거나 말의 속도를 늦추고 세기 역시 약하게 하며 클로징을 알릴 수도 있다.

클로징에서는 오늘 배운 강의가 무엇인지를 정확히 알게 해야 한다. 강사의 메시지를 다시 한번 기억하게 하는 것이다. 이 때 주의할 점은 강의에서 전혀 다루지 않은 이야기를 새롭게 꺼내서는 안 된다는 것이다.

클로징이 길면 길수록 감동을 전하기는 어려워진다. 교장 선생님이 조회시간에 "마지막으로~"라고 말하니 '이제 끝나는구나' 생각했는데 또 "마지막으로~" 하면서 말을 이어가면 짜증과 지루함이 밀려오는 것과 같다. 시간 분배에 신경 써야 한다.

어떤 강사는 지나치게 겸손을 보이기도 한다. "제가 많은 준비를 한다고 했는데 오늘 시간이 부족해서 더 많은 이야기를 나누지 못해 아쉽네요"라든가 "제가 강의 경험이 많지 않다 보니 여러분에게 많은 도움을 드리기 위해 노력은 했지만 부족한 건 같습니다"라고 하는 것이다. 좋은 강의를 부족했던 강의로 기억하게 하는 주범이다. 이런 식으로 말하지 않는다.

감동과 감성으로 마무리하라 🌂

클로징은 단순한 요약정리가 아니다. 강사가 앞서 이야기한 내용을 요약정리해서 이야기하더니 갑자기 "이상, ○○○이었습니다. 감사합니다"라고 끝내버리면 청중에게 감동을 주지 못할뿐더러 가슴으로 기억하고 여운이 남는 강의가 되기를 기대할 수 없다. 클로징에서는 논리적으로 설명하기보다는 감성적인 소재와 단어로 청중의 감정을 움직이고 머리가 아닌 가슴으로 이해시켜 감동과 여운을 남겨야 한다.

가장 마지막에는 유명인의 스토리나 명언, 짧은 감동 일화, 앞에서 이야기했던 나의 스토리를 정리하는 등 강의 내용과 연결하는 것으로 준비한다. 이때 잔잔하고 감동적인 스토리에 맞는 음악을 까는 것도 좋다. 강사가 청중 한 명 한 명 따뜻한 눈길로 눈을 맞추며 전하는 감동적인 이야기와 음악이 한데 어우러져 청중은 더욱 진한 감동을 느낄 수 있다.

모든 감동을 선사했다면 지금까지 당신의 강의를 끝까지 들어준 청중에게 감사 인사를 전하고 이제껏 누가 이야기했는지 마지막으로 강사의 자격을 전한 후, 강의를 마치는 것이 좋다. 이 때 '○○○였습니다'라고 싱겁게 끝내기보다는 제일 처음 자신을 소개했던 멘트를 다시 한번 활용한다. 처음에 "험악한 조폭인상에서 따뜻한 옆집 아저씨 인상으로 인상뿐 아니라 인생까지 바꾼 인상

트레이너 ○○○입니다"라고 소개를 했다면 클로징에서는 긴 소개를 편집하거나 마무리용 자기소개를 따로 만드는 것이 좋다. 예를 들어 "이상, 인상과 인생을 디자인하는 인상트레이너 ○○○이었습니다"라고 하는 식이다.

끝나도 끝난 게 아니다 🕐

이제 모든 강의가 끝났다. 하지만 아직 끝나지 않았다. 강사는 자신의 물건을 챙겨 이제 가려고 준비할 것이다. 보통 강의가 끝나면 강사는 짐을 챙겨 떠나기 바쁘다. 강의가 끝나자마자 가버리는 모습도 보기에 좋지 않다. '이제 우리는 볼 필요 없어. 볼 장 다 봤어'라는 느낌이 들 수 있다. 강의 중에 하고 싶었던 질문을 따로 일대일로 하고 싶은 사람이 있고, 당신과 기념사진을 찍고 싶은 이도 있을 것이며, 오늘 강의를 들으며 자신이 받은 감동에 대해 이야기하고 싶은 이가 있을 수도 있다. 뒤에 다른 강사의 강의가 예정돼 있는 등 부득이한 경우가 아니라면 청중보다 나중에, 되도록 가장 마지막으로 강의실을 떠나기를 권한다.

당신은 강의력과 강사력을 바탕으로 실전 강의까지 이제 모두 마쳤다. 앞서 이야기한 클로징을 당신이 이해하기 쉽도록 여기서 당신에게 클로징 멘트로 이 장을 강의처럼 끝낸다.

"독자 여러분, 파부침주破釜沈舟라는 말이 있습니다. 솥을 깨뜨리고 배를 가라앉힌다는 뜻인데요. 이는 싸움터로 나가면서 살아 돌아오기를 바라지 않고 결전決戰을 각오함을 이르는 말입니다. 강의실을 전쟁터라고 볼 때, 죽기를 각오하고 전쟁터에 나가는 마음으로 강의력과 강사력을 무기로 장착하세요. 실전 강의에서 최선을 다해보세요. 책을 여기까지 읽으며 배우고자 하는 마음으로 시간을 낸 당신이라면 반드시 멋지고 훌륭한 프로 강사가 되리라고 확신합니다. 이상, 강사를 돕는 강사, 강사테이너 김인희였습니다. 감사합니다."

6장

품격 있는
강사가 돼라

가르치는 대로 살아라

앞서 강사의 필수 조건 '강강태'를 기억하는가? '강의력, 강사력, 태도'의 줄임말이다. 이제껏 강의력과 강사력을 키우고 가상으로 강의를 해보는 시뮬레이션 강의 과정까지 거치며 강사로서 준비를 갖췄다. 그런데 강의력과 강사력보다도 먼저 당신이 갖춰야 할 것은 강사로서의 '태도'다.

생각은 곧 운명이다 🔊

영국의 소설가 찰스 리드(Charles Reade)는 "생각은 곧 말이 되고, 말은 행동이 되며, 행동은 습관으로 굳어지고, 습관은 성격이 되며, 결국 운명이 된다"라고 했다. 다시 말해 생각하는 대로 살게 된다는 것이다.

강의는 라이브다. 한번 뱉으면 주워 담을 수 없다. 'NG'를 외치고 다시 할 수 없기 때문이다. 그래서 강사는 강의할 때 말과 행동을 조심해야 한다. 그런데 말과 행동은 모두 생각에서 나오는 것이기 때문에 강사다운 태도를 갖추기 위해 생각부터 강사답게 바꾸고 말과 행동도 함께 바꿔야 한다.

니콜라스 부스먼(Nicholas Boothman)은 "우리의 몸과 마음은 동일한 시스템 안에 있다. 몸과 마음은 서로 영향을 주고받는다. 마음이 행복하면 보기에도 행복해보이고 목소리도 행복하게 들리고 행복한 말을 골라 쓴다. 태도는 생각과 어조 말의 질과 분위기를 결정한다. 더 나아가 태도는 표정과 보디랭귀지를 지배한다. 태도는 나 자신을 담아 다른 사람들 앞에 내놓은 접시와 같다"라고 했다.

평소 부정적인 사람은 강의할 때도 그것이 고스란히 나타난다. 강사 자신만 모를 뿐이다. 초보 강사 때는 많이 긴장하기 때문에 자신을 드러내기에 조심스러워 말실수가 적지만 강의가 편해지기 시작하면 강사의 성격이 강의에 드러난다. 그래서 강사의 삶을 살고자 한다면 '강사다움'의 생각과 마음가짐을 디자인하는 것부터 해야 한다.

강사는 연예인과 같다. 연예인은 이미지가 굉장히 중요한 직업 중 하나다. 강사 역시 연예인과 비슷한 직업이다. 사람들 앞에 선다는 것과 주목받는다는 점에서 이미지 관리가 필수라는 뜻이다.

단순히 이미지가 외모만 이야기하는 것이 아니다. 강사의 외적인 것을 외모外貌라고 한다면 내적인 생각과 마음가짐, 태도 등은 내모內貌라고 할 수 있다. 강사는 외모와 내모를 모두 갖춘 사람이어야 한다.

내 삶을 가르쳐라 🎯

강사는 단순히 지식만을 가르치는 사람이 아니다. 강사가 사는 삶을 가르치는 것이기도 하다. 강사 자신은 부정적이고 웃지 않는 사람이면서 청중에게 '긍정적인 마인드와 밝은 표정으로 살자'라는 주제의 강의를 하는 것은 모순이다. 그리고 그것은 청중에게 통하지 않는다. 강사가 그렇게 살고 있지 않기 때문에 그것은 진정성이 부족할 수밖에 없고 청중에게 메시지를 전달하는 데 한계가 있다. 앞서 스토리텔링을 이야기하면서 나는 당신의 스토리를 반드시 강의에 녹여 강의 주제로 강의할 수 있는 자격을 청중에게 이야기하며 설득하라고 말했다. 당신이 가르치려 하는 대로, 강의하는 대로 진실되지 못한다면 당신의 스토리로 활용할 이야깃거리가 없다. 그러면 당신은 거짓으로 스토리를 지어내야 할지도 모른다. 지어낸 거짓스토리가 청중의 가슴을 얼마나 이해시킬 수 있을까.

방송에도 출연하며 재미있게 강의하기로 유명한 한 강사가 최근에 강의하는 모습을 보고 나는 그가 예전과 달라졌다는 것을 느꼈다. 초보 강사 시절 우연히 그의 강의를 듣고 그의 팬이 됐는데, 그때 그는 마치 왁자지껄 신나는 한 편의 드라마 같은 강의를 했다. 하지만 요즘 그 강사의 인상은 그때보다 어딘가 모르게 어두워졌고, 강의 스타일도 전과 다르게 차분하고 조용한 느낌이었다. 그래서 기업 교육담당자로 일하는 지인에게 그 강사의 이야기를 하며 '요즘 무슨 일이 있는 건 아닐까'라고 했는데 놀라운 이야기를 듣게 됐다. 그 강사가 지인의 회사에 강의하러 와서 지인과 개인적으로 대화를 나눴는데, 정신과 약을 복용하고 있다는 사실을 털어놓았다고 한다. 팬으로서 안타까운 마음이 드는 한편, 청중에게 그 모습을 들키지 않도록 빨리 마음을 치료했으면 한다.

가깝게 지내던 사람에게 굉장히 큰 상처를 받은 적이 있다. 이를 계기로 긍정적이던 내가 단숨에 무너져 말과 행동이 부정적으로 변하기 시작했다. 더 이상 강사를 할 수 없을 것 같았다. 우울한 인상과 부정적인 생각을 가진 내가 강의를 한다는 것은 스스로 용서할 수 없는 일이었기 때문이다. 하지만 강의할 때 가장 행복한 내가 강사를 하지 못한다는 것이 오히려 더 무섭고 두려웠다. 그래서 나는 독서로 마음을 치유하고, 자주 웃어서 인상을 바꾸고, 부정적인 생각을 긍정적으로 바꿔나가는 노력을 기울여 '강사다운 태도'를 갖춘 후에야 다시 강의를 할 수 있었다.

강사가 '트렌디한 패션 피플이 되라'라고 강의하는데, 정작 강사 자신은 옷차림이 엉망이라면 청중을 설득할 수 있을지 생각해 보라. TV 화장품 CF를 보면 모델의 피부가 맑고 깨끗하고 매끈하며 윤기와 광채가 돈다. 그러면 TV를 보는 시청자는 그 화장품을 쓰면 마치 자신의 피부도 맑아지고 깨끗해질 거라는 착각이 든다. 그래서 화장품 회사에서는 피부가 좋은 연예인을 모델로 선택하는 것이 당연한 일이다. 고객을 납득시켜야 하기 때문이다.

자신이 먼저 가르치는 대로 진실한 삶을 살아야 누군가를 설득할 수 있는 것이다. 꼭 당신의 강의가 인생과 삶에 대한 주제가 아닌 지식만을 이야기하는 강의일지라도 강사라는 직업을 선택했다면 외모와 내모를 반드시 갖춰야 한다. 그래야 청중은 강사의 말을 신뢰하고 그의 가르침대로 움직이고 행동하려 한다. 또 강사의 말에서 부정적인 내모가 드러날 경우 그것이 청중에게 좋지 못한 영향을 미칠 수도 있고 또 청중이 당신에게서 돌아설 수도 있기 때문에 내모를 갖추는 건 아무리 강조해도 지나치지 않다.

어떤 강사가 되고 싶은지 생각하라

"당신은 어떤 강사가 되고 싶은가?"

"당신은 어떤 강사인가?"

위 질문에 바로 대답을 하지 못했다면 지금부터라도 당신은 자신만의 교육철학을 고민해야 한다. 강사의 교육철학에 따라 강의하는 태도가 달라진다. 자신만의 철학을 갖게 되면 강사의 직업과 강의에 대한 사명감을 갖게 되기 때문에 그 마음과 진정성이 고스란히 청중에게 전달된다.

나는 개인적으로 스타벅스 커피를 좋아한다. 주위에 거의 많은 사람들이 커피하면 스타벅스부터 떠올리고 그곳의 커피를 즐겨한다. 왜 사람들은 다른 커피전문점에 비해 비싼 가격임에도 불구하고 스타벅스를 선호하는 것일까? 스타벅스는 일단 커피맛이 좋고 어느 체인점을 가도 맛이 일정하다. 그러나 과연 그것 때문일까?

'세계에서 가장 영향력 있는 100인'에 선정된 스타벅스의 CEO 하워드 슐츠는 "스타벅스는 커피가 아닌 공간과 문화, 그리고 경험을 파는 기업이며, 회사의 최우선은 직원들"이라는 인간 중심의 경영철학을 앞세운다. 이러한 스타벅스만의 경영철학이 시가총액 534억 달러 규모의, 전 세계 2만 개가 넘는 매장을 지닌 커피제국을 만든 원동력이 됐다. 그의 철학이 직원들에게 서비스 마인드를 갖게 했고, 고객에게 높은 서비스를 제공해 고객을 만족시켰던 것이다.

오로지 청중을 위한 강의철학을 가져라

나는 책을 쓰기 시작하면서 도움을 얻기 위해 책 쓰기 코치들의 1일 특강을 몇 군데 다녀왔다. 책 쓰기에 관심이 있는 사람들이 청중으로 한 자리에 모였고 책 쓰는 방법을 가르치는 코치들이 강의를 진행했다. 강사들은 모두 열정적이었다. 하지만 강의의 구성과 내용은 전혀 달랐다. 거기서부터 강사들의 내모가 비춰지기 시작했다.

어떤 강사는 책 쓰는 방법에 관해 조금이라도 배워보고자 자신을 찾아온 청중의 목적을 무시한 채 4시간 이상 청중을 강의실에 잡아두고 자신들이 하고 싶은 이야기를 하는 것에만 치중했다. 자신들이 하고 싶은 이야기란 책을 쓰는 방법이 아니었다. 4시간이 넘는 강의에서 책 쓰는 방법에 대한 이야기는 20분 남짓이었고 나머지 시간은 본 강의에 등록하라고 역설하는 데 사용됐다.

그야말로 영업사원 프레젠테이션에 가까웠다. 이 강의의 목적이 수강생 등록이라는 게 보였고 그것이 고스란히 전해져 부정적으로 느껴지기 시작했다. 많은 시간을 앉아 있으면서 책을 쓰는 데 도움을 받을 수 있었던 것은 두 가지 정도밖에 되지 않았으며 그것마저도 인터넷에 검색하면 쉽게 찾을 수 있는 내용들이었다.

또 어떤 강사는 2시간 동안 강의를 진행하는데 열정 넘치며 자신이 하고 싶은 이야기를 하면서도 청중이 특강에 온 목적을 무시하지 않았다. 자신이 하고 싶은 이야기를 줄여가면서까지 책 쓰는 방법을 하나라도 더 알려주려고 노력하는 모습이 보였다. 이 강사는 책에 대한 자부심을 강사 스스로 갖고 있었으며 진솔하기까지 했다. '책을 쓴다고 벤츠를 탄다거나 책 한 권으로 성공한다는 것은 사실 기대하기 어렵다'면서 솔직하게 털어놨고, '평생 닳지 않는 자산이자 자신의 꼬리표, 또 다른 나의 이름'이 책이 된다는 것을 감성적으로 이야기해 설득력을 높였다.

그 강사는 전문적인 느낌이 들지 않았고 강의 구성면에서 오히려 수정할 부분들이 많았다. 그렇다고 언변이 뛰어난 것도 아니었다. 하지만 자신의 주제에 대한 강한 자부심과 열정, 또 책 쓰기에 대한 철학과 강의에 대한 철학이 있었다. 그것이 강의를 할 때 진정성으로 고스란히 드러나 어느 명강사, 프로 강사보다 멋지고 훌륭한 강의를 했던 것이다.

두 강의 모두 유료 강의였다. 심지어는 앞서 소개한 책 쓰기 특강은 5만 원, 그다음 소개한 특강은 3만 원이었다(물론 이 강의가 모두 무료였다고 하더라도 청중은 귀한 시간을 내서 자리했을 것이다). 특강에 참여한 다른 사람들도 각자의 기준으로 판단했겠지만, 그 평가가 나와 별반 다르지는 않다. 강의를 듣는 청중이 훌륭한 심사위원이기 때문이다.

후에 알게 된 것이지만 영업사원의 프레젠테이션 같은 강의를 하던 곳은 안타깝게도 수강생들의 불만이 많고 여러 좋지 못한 소문들이 들렸다. 반면 자신의 철학을 담아 진정성으로 강의하며 하나라도 더 알려주고 싶어 했던 곳은 95%이상의 수강생들이 자비출판이 아닌 기획출판으로 퀄리티가 높은 책을 출간하는 성공 행보를 이어가고 있다고 한다.

훌륭한 강의는 품성에서 비롯한다 🌱

강사는 자신만의 철학이 순수하다면, 강사가 오로지 청중을 위한 강의를 하고자 한다면 강의력과 강사력이 다소 부족해도 훌륭한 강의를 할 수 있다. 그것이 바로 강사의 태도에서 비롯된다. 훌륭한 강의란 뛰어난 언변으로 청중을 배꼽 잡게 만드는 강의가 아니다. 긍정적이고 선하며 진실한 강의 목적과 목표를 세우고, 그것을 제대로 담아낸 강의가 훌륭한 강의다. 진정성 있는 강사의 철학을 담아 오로지 청중에게 이익과 만족감을 주는 강의가 훌륭한 강의다.

조벽 교수는 "교사 스스로가 자신에 대해 어떤 자기 개념(self concept)을 가지느냐에 따라 학생들을 대하는 태도와 가르치는 방법이 정해진다"라고 했다. 강의를 하기 전에 먼저 당신만의 철학을 가져야 당신만의 강의법이 정해지는 것이다. 그리고 그 철학이 청중의 변화를 설득하는 강의 목적과 목표를 이루는 데 힘을 보탤 것이다.

내 강의 철학은 다음과 같다.

"가르치는 대로 진정성 있는 삶을 살며, 청중에게 이익과 만족감을 줄 수 있는 올바른 강의를 위해 베풂과 나눔, 용기, 희망을 주는 강사가 되자."

당신도 강사라면, 강사가 되기를 원한다면 강사의 역할을 다시 한번 되짚어보고 그 역할을 수행하기 위해 어떤 강사가 되고자 하는지, 진실한 자신만의 뚜렷한 철학을 꼭 가지길 바란다.

책을 읽지 않는 강사는
누구도 변화시킬 수 없다

"책은 인생의 험준한 바다를 항해하는 데
도움이 되게끔 남들이 마련해 준 나침반이요, 망원경이요, 육분의요, 도표다."
제시 베넷(Jesse Bennett)

"마음속의 아름다움이란 그대의 지갑에서 황금을 끄집어내는 것보다
그대의 서재에 책을 채우는 것이다."
존 릴리(John Lyly)

당신은 한 달의 몇 권의 책을 읽는가? 강사라면 책을 읽어야
한다. 책을 많이 읽은 사람들과 대화를 해보면 확실히 책을 읽지
않은 사람들보다 생각하는 수준 자체 다르다. 뭔가 더 여유롭고
너그러움이 느껴진다. 물론 모두가 그런 건 아니지만 내가 만난
사람들 대부분은 그러했다.

책으로 긍정적인 마음의 토대를 다져라

나도 아주 오래전에는 성격이 뾰족하고 예민하며 너그럽지 못
했다. 강사의 직업을 가지면서부터 많은 노력을 한다고 했지만 분
명 부족했다. 그때 나는 강사라고 해도 독서에 대한 중요성을 전

혀 인식하지 못했다. 화장품 교육 강사부터 시작했기 때문에 화장품에 관한 책을 읽은 적은 있지만 나의 태도와 마인드를 개선하기 위한 책은 읽을 생각조차도 못 했다.

그러다 믿었던 사람에게 크게 배신당한 후, 응급실에 두 번이나 실려가 신경안정제를 맞고도 잠을 이루지 못했고 뱉는 말마다 부정적이고 심지어는 그 사람이 죽어버렸으면 좋겠다는 악한 말들을 해댔다. 엎친 데 덮친 격으로 그때는 많은 일들이 나를 괴롭히고 힘들게 해 거의 반은 정신을 놓은 상태였다. 그 어떤 것으로도 극복해나가지를 못하고 있었고 점점 나의 인상은 어둠이 가득한 우울한 인상으로 바뀌어갔다. 입꼬리를 올리며 따뜻한 미소와 좋은 인상을 가지라고 강의하는 내가 그렇게 살지 못하고 있었던 것이다.

강사 일을 포기해야 할 것 같았다. 내가 가르치는 대로 살지 못하는데 거짓으로 강의를 할 수 없다는, 나름대로의 양심이었다. 다른 일을 위해 나는 이력서에 붙일 증명사진을 찍었다. 나는 인화된 사진을 보고 경악했다. 사진 속의 나는 전혀 다른 사람이었다. 인상은 사납기 그지없었고, 표정은 공포영화에 나오는 귀신처럼 우울해 보였다. 나는 그때 사진이 최대한 잘 나오기를 바라며 화이트셔츠에 옅은 미소를 지으며 최대한 예쁜 척하며 사진을 찍었는데 전체적인 우울한 분위기는 감출수가 없었다. 심지어 나와 어울리지 않아 평소 하지 않던 까만색 머리를 하고 있었다. 힘든 일을 겪고 마치 자포자기하듯 무조건 까맣게 해달라고 졸랐던 것 같다.

　사진을 보고 충격을 받은 나는 다시 일어서기로 했다. 처음에는 정신과 상담을 받아볼까도 생각했지만 수많은 아픈 이야기를 누군가에게 다시 꺼내기가 힘들었고 결국 스스로 극복하기 위해 노력했다. 의지와 간절함만 있다면 스스로 못해낼 것이 없다는 생각이었다.

　서점으로 가서 스스로를 달래고 일으킬 수 있는 책들을 샀다. 책 제목은 생각이 나지 않는데 이런 구절을 읽었다. "나를 아프게 한 사람들을 무대 위에 세워라. 그리고 그들과 악수하며 '당신을 용서합니다, 당신이 잘되길 빕니다'라고 말하라" 나는 책이 시키는 대로 상처를 줬던 사람들을 무대 위에 세웠다. 거기까지는 성공했지만 그들과 손을 잡고 악수한다는 자체가 상상만으로도 끔찍했다. 그럴 수 없었다. 쉽게 용서가 되지 않았다.

　나는 또 다른 책들을 읽기 시작했다. 《마음의 힘》, 《행복한 이기주의자》, 《화내지 않는 연습》, 《나쁜 기분이 사라지는 마음의 법칙》, 《하느님과의 수다》, 《혼자 잘해주고 상처받지 마라》등을 읽어대기 시작했다. 언제부터였을까? 조금씩 부정적인 감정들이 사라지고 긍정적인 마음의 변화를 겪기 시작했다. 마음이 가벼워지고 힘이 나는 느낌이 들고 위로 받는 느낌에 다시 잘해보고 싶은 용기가 생기기 시작했다. 그리고 나는 다시 눈을 감고 상처 줬던 이들을 무대에 초대했다. 그리고 그들과 악수하며 그들을 용서했다. 그렇게 용서를 하고 나니 많은 것들이 편해지고 너그러워졌다.

그때 책 읽는 습관이 지금까지 이어져 내 가방에는 항상 책이 있다. 주로 출퇴근 시간을 활용해 책을 읽는다. 책을 하루라도 읽지 않으면 가시가 돋치는 기이한 현상은 없지만 불안하고 무언가 꼭 해야 할 일을 안 한 것 같은 찜찜함이 든다. 가방 속에 책이 없으면 불안하다. 가방이 작은 날이면 화장품 파우치를 빼고라도 책을 챙긴다. 나를 아는 이들은 하루에도 수십 번 화장을 고치는 내가 책 때문에 화장품 파우치를 가방에서 빼버렸다는 사실에 놀라곤 한다.

이제 그 어떤 상황에도 지지 않는다. 좋지 않은 일들이 일어나도 "그럴 수도 있지" 하고 이해하거나 "그러려니" 하고 흘려버린다. 힘든 일을 부정적로만 보지 않고, 그 안에 작게나마 숨어있는 긍정적인 것을 볼 줄 아는 능력이 생겼다. 전에는 힘든 상황이 오면 주저앉아 울어버렸다면 요즘은 "됐어. 지지 않아 지지 않아. 분명 방법이 있을 거야" 하고 버틴다. 그렇게 버티다보면 정말 거짓말처럼 방법이 생긴다. 지금도 책에서 느끼고 배운 대로 절대 어떤 것에든 지지 않고 잘 살고 있다. 요새는 성공 관련 책들을 읽으며 성공하는 사람의 마인드를 배우는 중이다. 이 책을 쓸 때도 하루 8시간 이상을 자도 피곤해하던 내가 고작 4시간을 자며 책을 쓰는 열정을 부리게 되기도 했다.

나는 책으로 힘든 것을 극복했고 나아가 강의를 하는 데 반드시 필요한 태도를 더욱 업그레이드할 수 있었다. 스스로 삶을 변화시킨 경험이 있었기 때문에 나는 탄탄한 내공으로 그 어떤 청중에게도 자신 있게 강의할 수 있는 힘이 생겼다. 모든 답은 책에 있다. 유명한 심리학 전문가, 그것도 외국인을 내가 어떻게 만나 그들의 귀한 이야기를 들을 수 있겠는가. 하지만 책으로는 간접적으로나마 그들을 만날 수 있는 기회가 주어진다.

책은 최고의 강의 자료다 🎙

책이 당신의 태도와 마인드를 바꾸는 데에만 도움을 주는 것이 아니다. 전문적으로 강의에 사용할 수 있는 강의 자료, 즉 당신의 강의 자산이 되기도 한다. 책을 읽을 때는 밑줄을 긋고 그 부분을 접어두거나, 띠지 등에 어떤 내용인지 간략히 주제를 적어둔다. 더 좋은 방법은 따로 독서노트를 마련하는 것이다. 책 한 권을 다 읽고 난 후 당신의 마음을 흔들던 부분이나 작가의 명언들을 적어두면 후에 강의할 때 보면서 활용할 수 있다.

내게 간혹 "책을 읽고 이상해졌다"라는 사람들도 있다. 싱거운 우스갯소리로, 내가 책을 통해 더 나아진 삶을 사는 것을 응원하는 말이다. 그전에는 볼 수 없었던 너그러움이 얼굴에서 묻어나 더 여유로워 보이고 나이 들수록 예뻐지는 것 같다며 칭찬한다(자랑처럼 느꼈다면 진심으로 사과합니다). 그들의 이야기는 내가 책을 읽고 인상도 마인드도 많은 것이 긍정적으로 변했다는 증거다. 그래서 나는 진정한 아름다움은 외모가 아닌 내모를 성형하는 것이라고 주장한다.

당시에는 힘들었지만 지금은 그 과거의 시련들에 감사한다.

그것 또한 누군가에게 용기를 줄 수 있는 '인생선배'가 되는 토대,
나의 강의 자산이 됐고 내가 큰 변화와 발돋움을 할 수 있는 계기
가 되었기 때문이다.

자신의 삶부터 변화시키는 법을 알면 청중의 행동과 삶의 변
화를 하도록 설득할 수가 있다. 그것을 책이 도울 것이다. 강사라
면 반드시 책을 읽어라.

강의의 품격을 갖춰라

"가르치는 대로 진정성 있는 삶을 살며, 청중에게 이익과 만족감을 줄 수 있는 올바른 강의를 위해 베풂과 나눔, 용기, 희망을 주는 강사가 되자."

당신이 읽고 있는 이 책에서 내가 계속해서 강조한 것이 있다. 당신은 혹시 내가 가장 많이 강조했던 내용에 대해 아는가? 책을 제대로 읽었다면, 혹은 눈치가 빠르다면 이 장의 목차가 바로 '그것'이라고 말할 수 있다.

강의는 청중이 듣는다. 그들은 당신의 고객이며 당신의 강의 전문심사위원이다. 그들은 당신의 강의 기회를 만들어준 은인이다. 당신은 입이 간지러워 누군가에게 할 말이 필요한 것이 아니다. 그들에게 할 말이 있어 강의를 준비하고 강의를 하는 것이다. 강의의 주인공은 강사 당신이 아닌 청중이다. 그래서 청중에 대한 분석이 반드시 필요하며 그들이 듣고 싶고 원하는 이야기를 하고

'청중의, 청중에 의한, 청중을 위한' 강의로 이익과 만족감을 줄 수 있어야 한다. 나는 그것을 앞에서 너무나 숱하게 강조해왔다.

　나는 당신에게 청중을 사랑하는 마음을 가지라고 말하고 싶다. '어떻게 하면 내가 가진 이 좋은 것을 함께 나누고 베풀 수 있을까?', '이거 정말 좋은 건데 왜 하고 있지 않을까? 내가 해보니 정말 좋았는데… 같이 하면 좋겠다'라는 마음을 말이다. 마치 엄마와 같은 진짜 사랑을 말이다. 맛있는 것을 먹고 좋은 것을 보면 자식 생각부터 나는 엄마처럼 청중을 강사인 당신이 사랑해야 나누고 베풀고 싶은 마음이 들며 당신의 진정성을 청중에게 전달 할 수 있다. 마음으로 청중을 설득하려 하면 설득 되어질 것이다. 머리로 이해하지 못하는 것도 가슴을 이해시키면 이해할 수 있다. 청중이 감동받는 강의는 강사의 마음이 전달되기 때문에 가능해지는 것이다.

　《말의 품격》, 《언어의 온도》의 저자 이기주 작가는 "말에도 품격이 있다"라며 격과 수준을 의미하는 한자 '품品'에 입 구口자가 세 개로 모여 만들어졌음을 지적한다. 말이 쌓이고 쌓여 한 사람의 품성이 된다는 것이다. 그러면서 "말은 마음의 소리다. 말과 글에는 사람의 됨됨이가 서려 있다. 무심코 던진 말 한 마디에 사람의 품성이 드러난다. 말은 품성이다"라고 말한다.

　강사는 대부분의 강의를 말로 청중에게 전한다. 앞에서 말은 생각에서 비롯된 것이라 이야기한 바 있다. 그래서 생각과 마음가짐을 긍정적으로 디자인해야 한다고도 했다. 당신의 생각과 마음은, 다름이 아닌 청중을 사랑하는 것에 초점을 맞추고 디자인해야 한다. 그러면 당신의 품격 있는 말은 품격 있는 강의가 되고 그것이 청중에게 각인될 것이다. 나는 이를 이기주 작가의 책 제목을 빌어 '강의의 품격'이라 명명한다.

강사가 품격이 있으면 강의는 자연스럽게 품격 있는 강의가 된다. 품격 있는 강의를 하려면 강사인 당신은 오로지 청중만을 생각하고 사랑하는 마음을 가져야 한다. 그러면 청중에게 이익과 만족감을 주려 노력할 것이다. 다시 말해 당신이 청중을 진심으로 사랑하면 '강사다운' 태도를 갖게 되고 그것은 자연히 당신의 강의력과 강사력을 키울 수 있다는 말이다. 당신의 강의는 오로지 청중을 위해 준비되고 진행되어야 한다는 사실을 반드시 기억하길 바란다.

"이상, 나의 책을 읽을 독자에게
시간과 돈 이상의 소중함을 기꺼이 내준 고마움에
보답하기 위해, 또 독자인 당신이 책으로 얻어야 할
이익과 만족감을 위해, 내가 쓰는 책이 아닌
독자가 읽을 책을 위해 '작가다운' 노력을 기울인 작가
김인희였습니다. 감사합니다."

완벽한 강의의 법칙

제1판 1쇄 인쇄 | 2018년 2월　5일
제1판 1쇄 발행 | 2018년 2월 12일

지은이 | 김인희
펴낸이 | 한경준
펴낸곳 | 한국경제신문*i*
기획제작 | (주)두드림미디어

주소 | 서울특별시 중구 청파로 463
기획출판팀 | 02-3604-565
영업마케팅팀 | 02-3604-595, 583 FAX | 02-3604-599
E-mail | dodreamedia@naver.com
등록 | 제 2-315(1967. 5. 15)

ISBN 978-89-475-4302-6 03320